AF476694

ANNALES
DE LA PRÉSIDENCE

DU MÊME AUTEUR.

Pour paraître incessamment.

Le Philosophe de Ténériffe

OU

JUGEMENT SUR LA PHILOSOPHIE ET LA POLITIQUE
DU SIÈCLE ACTUEL.

Colonisation

DANS L'AMÉRIQUE DU NORD ET DU SUD

ET

IMPRESSIONS DE VOYAGES

Aux Etats-Unis, au Mexique, à la Martinique, à Santa-Cruz,
et à Rio-de-Janeiro.

PARIS.—IMPRIMERIE BONAVENTURE ET DUCESSOIS,
55, quai des Grands-Augustins.

ANNALES

DE LA

PRÉSIDENCE

OU

RECUEIL MÉTHODIQUE

DES DISCOURS

DU PRINCE LOUIS-NAPOLÉON

du 10 décembre 1848 au 2 décembre 1851.

INTRODUCTION ET NOTES HISTORIQUES

PAR

BERN.-ALF. BOULLENOT.

PARIS

D. GIRAUD ET J. DAGNEAU, LIBRAIRES-ÉDITEURS,

7, RUE VIVIENNE, AU PREMIER 7

Maison du Coq d'or.

1852

TABLE SYNOPTIQUE

FIN DE LA TABLE.

Paris.—Imprimerie Bonaventure et Ducessois, 55, quai des Augustins.

INTRODUCTION

Il nous a paru utile de réunir méthodiquement en corps de volume, et dans un format populaire, les différents discours prononcés par le prince Louis-Napoléon, depuis son avénement à la Présidence.

Quelle que soit la gravité des événements qui viennent de s'accomplir, l'impression causée par ces discours n'est pas effacée dans les esprits ; leur importance n'est en rien diminuée : loin de là, elle s'agrandit encore par le fait même de ces actes décisifs qui inaugurent une politique nouvelle dans toute sa liberté d'action.

L'étude de ces discours présente, en effet, un double intérêt comme histoire et comme politique. Nous la recommandons à tous les esprits sérieux qui veulent arriver sincèrement à la vérité. Tant de mensonges indignes ont été répandus par les partis, la calomnie a pris de telles proportions qu'il est de toute nécessité de remonter directement aux sources quand on veut porter un jugement libre sur un homme d'État. Le volume que nous présentons aux lecteurs leur facilitera ce travail de bonne foi. Dans ces discours, ainsi classés dans un ordre méthodique, on retrouvera l'unité d'une pensée ferme et féconde qui se manifeste à la fois dans la réflexion et dans la spontanéité. Ce livre sera donc en quelque sorte un manuel de politique pour tous ceux qui de près ou de loin se trouvent mêlés aux affaires publiques; il offrira en même temps un résumé impartial de l'histoire de la Présidence, de ses luttes, de ses tendances, et des obstacles qu'elle a traversés et vaincus. Cette histoire se retrouve tout entière dans ces grandes allocutions, comme l'histoire de nos guerres dans les bulletins de l'Empereur.

Il y a en effet ceci de remarquable dans les discours du prince Louis-Napoléon, que toutes ses paroles sont des actes : pas un mot inutile, tout est clair, ferme et concis. Cette parole simple et forte se détache avec une singulière énergie sur ce fond de lieux communs qu'on appelait hier encore le grand art oratoire. Entre les déclamations des tribuns et la phraséologie des parlementaires, il y avait une place glorieuse à conquérir.

Nous n'insisterons pas sur le caractère tout à fait nouveau de cette éloquence ; nous croyons seulement devoir attirer l'attention de nos lecteurs sur ce qu'on peut appeler l'esprit général de la politique du Président.

En novembre 1848, le prince Louis-Napoléon se présente aux suffrages de la France ; sa candidature est combattue par tous les moyens. Les calomnies, les insultes les plus grossières ne lui sont point épargnées, et l'on voit ce triste spectacle d'un pouvoir se faisant éditeur et distributeur de honteuses caricatures ; rien ne peut faire sortir le prince Louis-Napoléon de la réserve qu'il s'est imposée : il attend en silence le jugement du pays.

Au 10 décembre, il est porté au pouvoir par l'acclamation populaire ; mais les partis n'ont pas désarmé : dès les premiers jours se prépare cette guerre sourde qui doit bientôt éclater en violences scandaleuses. Les ressentiments, les vanités, les ambitions froissées, vont s'unir dans une même pensée de haine. Tous ces mauvais vouloirs sont admirablement servis par deux agents énergiques de dissolution, la tribune et la presse. Contre ces forces hostiles, enivrées de leur victoire de la veille, *irresponsables*, qui se croyaient immortelles, et que la volonté du peuple vient de briser, que va faire le Président? Recommencer la politique de 1830, user les hommes et les choses par la corruption, s'incliner devant toutes les fictions, appeler la ruse contre la violence, et dissoudre les partis en les avilissant ? Ces expédients ont pu faire vivre au jour le jour; mais faut-il s'étonner qu'un Napoléon ait rompu avec les traditions de cette politique d'astuce? La rupture fut éclatante, et les vieux roués de la politique durent être fort surpris quand ils virent le Président mépriser leurs artifices et en appeler directement des partis à la France.

Bien avant le 2 décembre, durant les trois ans de la Présidence, dès les premiers jours de 1849 nous retrouvons dans tous les discours du Président ce dessein arrêté de s'adresser toujours aux masses avec franchise et sans condescendance, en un mot, degouverner par l'opinion publique,—de toutes les politiques la plus simple et la plus difficile à la fois.

Cette confiance dans le génie populaire, voilà la force de Louis-Napoléon, et cette force lui suffira pour vaincre les intrigues élégantes, comme les tumultes de la rue.

Un instant on put croire que le Gouvernement provisoire allait aussi s'appuyer sur l'opinion publique ; mais pour bien comprendre quelle différence profonde sépare la politique de ce gouvernement éphémère de la politique du 10 décembre, il suffira d'opposer les discours du Président aux bulletins de la République. Ce qui frappe dans le langage des usurpateurs de Février, c'est un singulier mélange de jactance et d'adulation ; à chaque instant des menaces ridicules et des promesses menteuses, l'arrogance et la servilité, je ne sais quoi de vague et d'emphatique dans le ton, de théâtral dans l'attitude.

Que l'on compare, et l'on verra de quel côté se trouvent les intentions droites, le sens pratique, le sentiment profond de la nationalité, la vive intelligence du génie français, l'amour du peuple, enfin le véritable esprit de gouvernement.

Ce sera la honte des partis que ce langage simple et loyal du Président n'ait rencontré dans un certain monde qu'outrages et dédains. Les commentaires et notes historiques dont nous avons fait suivre la plupart de ces discours mettront cette question dans tout son jour : il ne faut pas qu'une telle leçon soit perdue.

BERN. ALF. BOULLENOT.

Paris, 31 janvier 1852.

ANNALES

DE LA PRÉSIDENCE

CHAPITRE PREMIER.

1848—1849.

Candidature.—Avénement.—Installation.—Programme de gouvernement.

NOVEMBRE 1848.

LOUIS-NAPOLÉON BONAPARTE A SES CONCITOYENS.

Pour me rappeler de l'exil, vous m'avez nommé représentant du peuple. A la veille d'élire le premier magistrat de la République, mon nom se présente à vous comme symbole d'ordre et de sécurité.

Ces témoignages d'une confiance si honorable s'adressent, je le sais, bien plus à ce nom qu'à moi-même, qui n'ai rien fait encore pour mon pays ; mais plus la mémoire de l'Empereur me protege et inspire vos suffrages, plus je me sens obligé de vous faire connaître mes sentiments et mes principes. Il ne faut pas qu'il y ait d'équivoque entre vous et moi.

Je ne suis pas un ambitieux qui rêve tantôt l'empire et la guerre, tantôt l'application de théories subversives. Elevé dans les pays libres, à l'école du malheur, je resterai toujours fidèle aux devoirs que m'imposeront vos suffrages et les volontés de l'Assemblée.

Si j'étais nommé Président, je ne reculerais devant aucun danger, devant aucun sacrifice pour défendre la société si audacieusement attaquée; je me dévouerais tout entier, sans arrière-pensée, à l'affermissement d'une république sage par ses lois, honnête par ses intentions, grande et forte par ses actes.

Je mettrais mon honneur à laisser, au bout de quatre ans, à mon successeur, le pouvoir affermi, la liberté intacte, un progrès réel accompli.

Quel que soit le résultat de l'élection, je m'inclinerai devant la volonté du peuple, et mon concours est acquis d'avance à tout gouvernement juste et ferme qui rétablisse l'ordre dans les esprits comme dans les choses; qui protége efficacement la religion, la famille, la propriété, bases éternelles de tout état social; qui provoque les réformes possibles, calme les haines, réconcilie les partis, et permette ainsi à la patrie inquiète de compter sur un lendemain.

Rétablir l'ordre, c'est ramener la confiance, pourvoir par le crédit à l'insuffisance passagère des ressources, restaurer les finances.

Protéger la religion et la famille, c'est assurer la liberté des cultes et la liberté de l'enseignement.

Protéger la propriété, c'est maintenir l'inviolabilité des produits de tous les travaux; c'est garantir l'indépendance et la sécurité de la possession, fondements indispensables de la liberté civile.

Quant aux réformes possibles, voici celles qui me paraissent les plus urgentes :

Admettre toutes les économies qui, sans désorganiser les services publics, permettent la diminution des impôts les plus onéreux au peuple; encourager les entreprises qui, en développant les richesses de l'agriculture, peuvent en France et en Algérie donner du travail aux bras inoccupés; pourvoir à la vieillesse des travailleurs par des institutions de prévoyance; introduire dans nos lois industrielles les améliorations qui tendent, non à ruiner le riche au profit du pauvre, mais à fonder le bien-être de chacun sur la prospérité de tous;

Restreindre dans de justes limites le nombre des emplois qui dépendent du pouvoir, et qui souvent font d'un peuple libre un peuple de solliciteurs;

Eviter cette tendance funeste qui entraîne l'Etat à exécuter lui-même ce que les particuliers peuvent faire aussi bien et mieux que lui : la centralisation des intérêts et des entreprises est dans la nature du despotisme : la nature de la République repousse le monopole;

Enfin, préserver la liberté de la presse des deux excès qui la compromettent toujours : l'arbitraire et sa propre licence.

Avec la guerre, point de soulagement à nos maux. La paix serait donc le plus cher de mes désirs. La France, lors de sa première révolution, a été guerrière parce qu'on l'avait forcée de l'être. A l'invasion, elle répondit par la conquête. Aujourd'hui qu'elle n'est pas provoquée, elle peut consacrer ses ressources aux améliorations pacifiques, sans renoncer à une politique loyale et résolue. Une grande nation doit se taire, ou ne jamais parler en vain.

Songer à la dignité nationale, c'est songer à l'armée, dont le patriotisme si noble et si désintéressé a été souvent méconnu. Il faut, tout en maintenant les lois fondamentales qui font la force de notre organisation militaire, alléger et non aggraver le fardeau de la conscription. Il faut veiller au présent et à l'avenir, non-seulement des officiers, mais aussi des sous-officiers et des soldats, et préparer aux hommes qui ont servi longtemps sous les drapeaux une existence assurée.

La République doit être généreuse et avoir foi dans son avenir : aussi, moi qui ai connu l'exil et la captivité, j'appelle de tous mes vœux le jour où la patrie pourra sans danger faire cesser toutes les proscriptions et effacer les dernières traces de nos discordes civiles.

Telles sont, mes chers concitoyens, les idées que j'apporterais dans l'exercice du pouvoir, si vous m'appeliez à la présidence de la République.

La tâche est difficile, la mission immense, je le sais! Mais je ne désespérerais pas de l'accomplir en conviant à l'œuvre, sans distinction de parti, les hommes que recommandent à l'opinion publique leur haute intelligence et leur probité.

D'ailleurs, quand on a l'honneur d'être à la tête du peuple français, il y a un moyen infaillible de faire le bien : c'est de le vouloir.

LOUIS-NAPOLÉON BONAPARTE.

20 DÉCEMBRE.—Louis-Napoléon Bonaparte prononce à la tribune de l'Assemblée nationale le discours suivant :

Citoyens Représentants,

Les suffrages de la nation et le serment que je viens de prêter commandent ma conduite future. Mon devoir est tracé; je le remplirai en homme d'honneur.

Je verrai des ennemis de la patrie dans tous ceux qui tenteraient de changer, par des voies illégales, ce que la France entière a établi.

Entre vous et moi, citoyens Représentants, il ne saurait y avoir de véritables dissentiments. Nos volontés, nos désirs sont les mêmes.

Je veux, comme vous, rasseoir la société sur ses bases, affermir les institutions démocratiques, et rechercher tous les moyens propres à soulager les maux de ce peuple généreux et intelligent qui vient de me donner un témoignage si éclatant de sa confiance.

La majorité que j'ai obtenue non-seulement me pénètre de reconnaissance, mais elle donnera au Gouvernement nouveau la force morale sans laquelle il n'y a pas d'autorité.

Avec la paix et l'ordre, notre pays peut se relever, guérir ses plaies, ramener les hommes égarés et calmer les passions.

Animé de cet esprit de conciliation, j'ai appelé près de moi des hommes honnêtes, capables et dévoués au pays, assuré que, malgré les diversités d'origine politique, ils sont d'accord pour concourir avec vous à l'application de la Constitution, au perfectionnement des lois, à la gloire de la République.

La nouvelle administration, en entrant aux affaires, doit remercier celle qui la précède des efforts qu'elle a faits pour transmettre le pouvoir intact, pour maintenir la tranquillité publique.

La conduite de l'honorable général Cavaignac a été digne de la loyauté de son caractère et de ce sentiment du devoir qui est la première qualité du chef d'un Etat.

Nous avons, citoyens Représentants, une grande mission à remplir : c'est de fonder une République dans l'intérêt de tous et un Gouvernement juste, ferme, qui soit animé d'un sincère amour du progrès, sans être réactionnaire ou utopiste.

Soyons les hommes du pays, non les hommes d'un parti, et, Dieu aidant, nous ferons du moins le bien, si nous ne pouvons faire de grandes choses.

3 FÉVRIER 1849.—Revue du Champs-de-Mars.

Les décorations que j'ai à distribuer aujourd'hui

sont en petit nombre, mais elles n'en sont que plus honorables pour ceux qui les ont obtenues.

La croix de la Légion-d'Honneur a été trop souvent prodiguée sous les gouvernements qui m'ont précédé.

Il n'en sera plus ainsi désormais.

Je veux faire en sorte que la décoration de la Légion-d'Honneur ne soit plus que la récompense directe des services rendus à la patrie, et qu'elle ne soit décernée qu'au mérite incontesté.

C'est ainsi, Messieurs, que j'espère rendre à cette institution tout son glorieux prestige.

19 FÉVRIER. — Lettre au général Changarnier.

Mon cher général,

Je vous prie de témoigner aux divers corps dont j'ai passé la revue aujourd'hui ma vive satisfaction pour leur belle tenue, et toute ma reconnaissance pour leur accueil sympathique.

Avec de semblables soldats notre jeune République ressemblerait bientôt à son aînée, celle de Marengo et de Hohenlinden, si les étrangers nous y forçaient. Et à l'intérieur, si les anarchistes relevaient leur drapeau, ils seraient aussitôt réduits à l'impuissance par cette armée toujours fidèle au devoir et à l'honneur.

Faire l'éloge des troupes, c'est faire l'éloge du chef qui les commande.

Veuillez bien, mon cher général, lever les punitions pour fautes de discipline.

Je suis heureux de cette nouvelle occasion de vous exprimer mes sentiments particuliers de haute estime et d'amitié.

LOUIS-NAPOLÉON BONAPARTE.

25 février. — Inauguration du chemin de fer de Compiègne à Noyon.

Je vous remercie, monsieur le Maire, des paroles que vous venez de faire entendre, et de l'accueil que me fait avec vous la ville de Noyon.

Les espérances qu'a fait concevoir au pays mon élection ne seront point trompées ; je partage ses vœux pour l'affermissement de la République ; j'espère que tous les partis qui ont divisé le pays depuis quarante ans y trouveront un terrain neutre où ils pourront se donner la main pour la grandeur et la prospérité de la France.

10 avril. — Lettre au prince Napoléon-Jérôme.

Élysée-National, le 10 avril 1849.

Mon cher Cousin,

On prétend qu'à ton passage à Bordeaux tu as tenu un langage propre à jeter la division parmi les personnes les mieux intentionnées. Tu aurais dit « que, « dominé par les chefs du mouvement réactionnaire, « je ne suivais pas librement mes inspirations ; « qu'impatient du joug, j'étais prêt à le secouer, et « que, pour me venir en aide, il fallait, aux élections « prochaines, envoyer à la Chambre des hommes hos- « tiles à mon Gouvernement plutôt que des hommes du « parti modéré. »

Une semblable imputation de ta part a le droit de m'étonner. Tu me connais assez pour savoir que je ne subirai jamais l'ascendant de qui que ce soit, et que je m'efforcerai sans cesse de gouverner dans l'intérêt des masses et non dans l'intérêt d'un parti. J'honore les hommes qui, par leur capacité et leur expérience, peuvent me donner de bons conseils. Je reçois journellement les avis les plus opposés, mais j'obéis aux seules impulsions de ma raison et de mon cœur.

C'était à toi moins qu'à tout autre de blâmer en moi une politique modérée, toi qui désapprouvais mon manifeste parce qu'il n'avait pas l'entière sanction des chefs du parti modéré. Or, ce manifeste, dont je ne me suis pas écarté, demeure l'expression consciencieuse de mes opinions. Le premier devoir était de rassurer le pays. Eh bien! depuis quatre mois il continue à se rassurer de plus en plus. A chaque jour sa tâche, la sécurité d'abord, ensuite les améliorations.

Les élections prochaines avanceront, je n'en doute pas, l'époque des réformes possibles, en affermissant la République par l'ordre et la modération. Rappeler tous les anciens partis, les réunir, les réconcilier, tel doit être le but de nos efforts. C'est la mission attachée au grand nom que nous portons; elle échouerait s'il servait à diviser et non à rallier les soutiens du Gouvernement.

Par tous ces motifs, je ne saurais approuver ta candidature dans une vingtaine de départements : car, songes-y bien, à l'abri de ton nom on veut faire arriver à l'Assemblée des candidats hostiles au Pouvoir, et décourager ses partisans dévoués, en fatiguant le peuple par des élections multiples qu'il faudra recommencer.

Désormais donc, je l'espère, tu mettras tous tes soins, mon cher Cousin, à éclairer sur mes intentions véritables les personnes en relation avec toi, et tu te garderas d'accréditer par des paroles inconsidérées les calomnies absurdes qui vont jusqu'à prétendre que de sordides intérêts dominent ma politique. Rien, répète-le très-haut, rien ne troublera la sérénité de mon jugement et n'ébranlera mes résolutions. Libre de toute contrainte morale, je marcherai dans le sentier de l'honneur, avec ma conscience pour guide, et lorsque je quitterai le Pouvoir, si l'on peut me reprocher des fautes fatalement inévitables, j'aurai fait du moins ce que je crois sincèrement mon devoir.

Reçois, mon cher Cousin, l'assurance de mon amitié,

LOUIS-NAPOLÉON BONAPARTE.

28 AVRIL.—Visite à la maison d'éducation de la Légion-d'Honneur, à Saint-Denis. Le Président répond en ces termes à l'aumônier :

Je suis profondément touché des paroles que je viens d'entendre, et c'est avec une bien vive émotion que je revois ces lieux que j'ai visités fréquemment avec ma mère, qui en était une des protectrices. A une époque où l'on attaque si vivement le idées de famille, il importe qu'une éducation sage et solide, comme celle que l'on reçoit ici, développe chez ces jeunes enfants les éternels principes de morale, d'ordre et de travail, qui en feront un jour de bonnes mères de famille. C'est en élevant avec soin la génération actuelle, que nous parviendrons enfin à donner le repos à la France et à consolider nos institutions.

4 MAI.—Célébration du premier anniversaire de la proclamation de la Constitution, à l'Hôtel-de-Ville.

Je suis heureux d'entendre à l'Hôtel-de-Ville M. le Préfet de la Seine associer mon nom à la prospérité de la République.

Je remercie les membres du corps municipal de m'avoir appelé au milieu d'eux pour fêter en commun un grand anniversaire. C'est qu'ils sont convaincus, comme le peuple qui m'a élu, de mon dévouement aux grands principes de notre révolution, principes que l'ordre, la loyauté et la fermeté du Gouvernement peuvent seuls consolider. Que la ville de Paris reçoive donc ici mes remercîments et l'hommage de mon sincère attachement.

A la ville de Paris!

Ce qui frappe tout d'abord dans ces discours, c'est la franchise.

Sous la monarchie constitutionnelle, on en était arrivé à regarder comme l'art suprême de parler beaucoup sans rien dire. Ce régime de fictions gardait toujours le caractère de son origine équivoque et créait une langue à son image, langue pleine de réticences et de développements inutiles, traînante et pompeuse, cachant ses ruses sous une nullité savamment calculée. Les révolutions ne s'accommodent pas de ces artifices; toutes les questions qu'elles posent doivent être abordées de front, résolument, sans détour. Dans son manifeste Louis-Napoléon n'hésite pas à se porter hardiment comme le représentant des idées d'ordre, sans craindre de blesser certaines sympathies qui lui sont acquises dans les rangs opposés. Homme de progrès, il marque courageusement la différence qui le sépare du parti qui s'intitule orgueilleusement le parti avancé, et en même temps qu'il s'adresse aux hommes d'ordre il déclare résolument que le progrès est une des conditions de l'ordre, cette déclaration dût-elle écarter de lui certains esprits honnêtes et timorés.

Ce n'est pas une transaction qu'il propose, il affirme sa propre politique, et tient avant tout à se faire connaître tel qu'il est. Toutes ses paroles sont pesées; s'il est nommé ce sera en parfaite connaissance de cause.

Il ne fait pas une seule concession; la religion, la famille, la propriété sont tous les jours attaquées par d'audacieux sectaires : Louis-Napoléon affirme ces principes éternels.

Le principe d'autorité est nié ; les excès de l'anarchie tendent à discréditer l'idée de progrès : Louis-Napoléon affirme le principe d'autorité et l'idée de progrès.

Les intérêts sacrés des travailleurs sont compromis par les utopistes; mais ces intérêts demeurent, et Louis-Napoléon prend l'engagement de les servir tout en combattant ces défenseurs officieux du peuple dont l'ignorance téméraire effraye à juste droit l'honnêteté publique.

Un Bonaparte pouvait seul prendre cette attitude, et présenter son nom comme le gage d'une politique à la fois sage et hardie. Représentant l'idée d'autorité dans ce qu'elle a de plus haut, initié en même temps à tous les travaux économiques des temps modernes, il pouvait seul accomplir cette œuvre complexe de progrès et de conservation d'une grande société qui se transforme ; en un mot, consacrer la révolution dans ce qu'elle a de légitime, tout en repoussant sans pitié ses éléments impurs.

CHAPITRE II.

1849.

Guerre de Rome.—Politique extérieure.

---

11 JUIN.—Décret du Président de la République qui réunit dans les mains du général Changarnier le commandement des gardes nationales de la Seine au commandement des troupes de la 1re division militaire.

13 JUIN.—Une minorité factieuse, au sein même de l'Assemblée législative, fait un appel à l'insurrection, à la guerre civile.—Par les ordres du Prince Président, le général Changarnier prend des mesures statégiques et paralyse, sur les boulevards et dans les rues, les forces de l'émeute. Informé des projets des conspirateurs, Louis-Napoléon adresse à la population parisienne cette proclamation :

Le Président de la République
au peuple français.

Quelques factieux osent encore lever l'étendard de la révolte contre un Gouvernement légitime, puisqu'il est le produit du suffrage universel. Ils m'accusent d'avoir violé la Constitution, moi qui ai supporté depuis six mois, sans en être ému, leurs injures, leurs calomnies, leurs provocations. La majorité de l'Assemblée est le but de leurs outrages. L'accusation n'est qu'un prétexte, et la preuve, c'est que ceux qui m'attaquent me poursuivaient déjà avec la même haine, la même injustice, alors que le peuple de Paris me nommait Représentant et le peuple de la France Président de la République.

Ce système d'agitation entretient dans le pays le malaise et la défiance, qui engendrent la misère : il faut qu'il cesse. Il est temps que les bons se rassurent et que les méchants tremblent. La République n'a pas pas d'ennemis plus implacables que ces hommes qui, perpétuant le désordre, nous forcent de changer la France en un vaste camp, nos projets d'amélioration et de progrès en des préparatifs de lutte et de défense.

Elu par la nation, la cause que je défends est la vôtre, c'est celle de vos familles comme celle de vos propriétés, celle du pauvre comme du riche, celle de la civilisation tout entière. Je ne reculerai devant rien pour la faire triompher.

LOUIS-NAPOLÉON BONAPARTE.

3 JUILLET.—Entrée des Français à Rome.—Le Président de la République adresse à ce sujet la lettre suivante à M. le général Oudinot :

Le Président de la République au général en chef de l'armée de la Méditerranée.

Mon cher Général,

Je suis heureux de pouvoir vous féliciter du résultat que vous avez obtenu en entrant à Rome, malgré la vive résistance de ceux qui s'y défendaient. Vous avez maintenu le prestige qui s'attachait à notre drapeau. Je vous prie de faire connaître aux généraux qui sont sous vos ordres, et aux troupes en général, combien j'ai admiré leur persévérance et leur courage. Les récompenses que vous porte votre aide-de-camp sont bien méritées, et je regrette de ne pouvoir les remettre moi-même. J'espère que l'état sanitaire de votre armée se maintiendra aussi bon qu'il est aujourd'hui, et que bientôt vous pourrez revenir en France avec honneur pour nos armes et avec bénéfice pour notre influence en

Italie. Recevez, mon cher général, l'assurance de mes sentiments d'estime et d'amitié

LOUIS-NAPOLÉON BONAPARTE.

7 et 8 MAI.—Dans la séance de nuit du 7 au 8 mai, l'Assemblée constituante prend la résolution suivante :

« L'Assemblée nationale invite le gouvernement à prendre les mesures nécessaires pour que l'expédition d'Italie ne soit pas plus longtemps détournée du but qui lui était assigné. »

Le Président de la République adresse alors au général Oudinot, commandant en chef de l'armée expéditionnaire d'Italie, la lettre suivante :

Mon cher Général,

La nouvelle télégraphique qui annonce la résistance imprévue que vous avez rencontrée sous les murs de Rome m'a vivement peiné. J'espérais, vous le savez, que les habitants de Rome, ouvrant les yeux à l'évidence, recevraient avec empressement une armée qui venait accomplir chez eux une mission bienveillante et désintéressée.

Il en a été autrement; nos soldats ont été reçus en ennemis : notre honneur militaire est engagé; je ne souffrirai pas qu'il reçoive aucune atteinte. Les renforts ne vous manqueront pas. Dites à vos soldats que j'apprécie leur bravoure, que je partage leurs peines, et qu'ils pourront toujours compter sur mon appui et sur ma reconnaissance.

Recevez, mon cher général, l'assurance de ma haute estime.

LOUIS-NAPOLÉON BONAPARTE.

18 Aout.—Le Président de la République adresse au lieutenant-colonel Edgard Ney, son officier d'ordonnance à Rome, la lettre suivante :

Élysée-National, le 18 août 1849.

Mon cher Ney,

La République française n'a pas envoyé une armée à Rome pour y étouffer la liberté italienne, mais au contraire, pour la régler, en la préservant contre ses propres excès, et pour lui donner une base solide, en remettant sur le trône pontifical le prince qui, le premier, s'était placé hardiment à la tête de toutes les réformes utiles.

J'apprends avec peine que les intentions bienveillantes du Saint-Père, comme notre propre action, restent stériles, en présence de passions et d'influences hostiles. On voudrait donner comme base à la rentrée du Pape la proscription et la tyrannie. Dites de ma part au général Rostolan qu'il ne doit pas permettre qu'à l'ombre du drapeau tricolore on commette aucun acte qui puisse dénaturer le caractère de notre intervention.

Je résume ainsi le rétablissement du pouvoir temporel du Pape : *Amnistie générale, sécularisation de l'administration, Code Napoléon et gouvernement libéral.*

J'ai été personnellement blessé, en lisant la proclamation des trois cardinaux, de voir qu'il n'était pas même fait mention du nom de la France, ni des souffrances de nos braves soldats.

Toute insulte faite à notre drapeau ou à notre uniforme me va droit au cœur, et je vous prie de bien faire savoir que si la France ne vend pas ses services, elle exige au moins qu'on lui sache gré de ses sacrifices et de son abnégation.

Lorsque nos armées firent le tour de l'Europe, elles

laissèrent partout, comme trace de leur passage, la destruction des abus de la féodalité et les germes de la liberté : il ne sera pas dit qu'en 1849, une armée française ait pu agir dans un autre sens et amener d'autres résultats.

Dites au général de remercier en mon nom, l'armée de sa noble conduite. J'ai appris avec peine que, physiquement même, elle n'était pas traitée comme elle devrait l'être : rien ne doit être négligé pour établir convenablement nos troupes.

Recevez, mon cher Ney, l'assurance de ma sincère amitié.

LOUIS-NAPOLÉON BONAPARTE.

En 1849, quand l'armée française entra à Rome, l'opinion publique s'émut en sens divers ; des jugements passionnés furent portés sur cette expédition ; mais les grands événements ne se mesurent bien qu'à distance, les révolutions nous font une vie si active que cette guerre de Rome nous apparaît déjà dans le lointain de l'histoire, et nous pouvons en parler avec cette impartialité entière que donne la réflexion.

Allons au fond des choses, nommons-les par leur nom ; prenons les faits tels qu'ils sont, dans leur réalité, sans nous attacher à toutes ces vérités de conventions créées pour les besoins de la vie parlementaire.

Pie IX inaugure son règne par des réformes. Il propose à son peuple des institutions libérales. La démagogie se présente et vient occuper une place qui ne lui est pas destinée. De jour en jour plus violente à mesure que le pouvoir se désarme, elle se démasque tout-à-coup par l'assassinat du comte Rossi. Le sage réformateur est assiégé dans son palais, et ne peut échapper que par l'exil aux outrages qui l'attendent.

Que doit faire la France?

N'oublions pas qu'elle ne peut pas rester inactive. Les Autrichiens marchent sur Rome. Croit-on sérieusement que Mazzini eût pu arrêter l'armée impériale? Etait-il d'une bonne politique de laisser les Césars d'Allemagne entrer dans la ville éternelle, se fortifier au cœur de l'Italie, à nos portes, eux déjà maîtres de la Lombardie et de la Vénétie?

D'un autre côté, pouvions-nous marcher contre l'Autriche, c'est-à-dire commencer la guerre universelle, lancer la France dans les aventures, et cela au profit de qui? De cette République romaine, misérable parodie de la parodie du tribun Rienzi?

Pendant que la France développait dans ses affaires intérieures une politique d'ordre et de conservation, toute adhésion donnée par elle aux sectaires de Mazzini eût été un acte également odieux et ridicule.

Ce que nous devions faire, nous l'avons fait : entrer à Rome avant l'Autriche, nous présenter aux Romains comme alliés. Ce n'est pas notre faute si, entre le peuple romain et nous, se sont jetées des bandes d'étrangers que nous avons eu à réprimer.

L'intervention de la France ne fut donc pas une atteinte au principe des nationalités; la prétendue République romaine ne fut pas une chose beaucoup plus sérieuse que l'Icarie de M. Cabet. Rome n'est pas une nationalité, et ce n'est pas sans raison qu'on l'a comparée au district de Columbia, centre de la Fédération américaine, qui paie cet honneur de la privation de ses droits politiques. Ce que fait l'Amérique dans un intérêt national, l'Europe chrétienne a le droit de le pratiquer au nom d'un principe supérieur, l'intérêt religieux, et cela au bénéfice même de Rome, qui n'est plus le chef-lieu d'une obscure république, mais la glorieuse capitale de la catholicité. Il faut d'ailleurs ne jamais oublier que la Rome d'aujourd'hui est fille de la Papauté, et que sans le génie de ses Évêques elle serait aujourd'hui tout au plus au rang de Ravennes. C'est à la France que revenait de droit la défense, la protection du Gouvernement pontifical. Le pouvoir temporel des Papes est une création française, une conception du génie des Carlovingiens. Pour se rattacher ainsi à la politique de Charlemagne si glorieusement continuée pendant tout le moyen-âge, il fallait s'inspirer d'un vif et profond sentiment de nos traditions nationales. Aujourd'hui que les passions sont calmées, les mille considérations que fait naître cette question peuvent être aisément étudiées comprises; mais au lendemain d'une révolution, au milieu de cette confusion générale des idées, lorsque tant de bons esprits se trompaient sur cette question capitale, il fallait un rare sens politique, un vrai courage pour s'élever ainsi à la vérité, et mettre l'antique patriotisme au-dessus des préjugés voltairiens.

Le sang-froid, la décision du Président de la République dans cette difficile affaire de Rome dénotent un système arrêté de politique extérieure, et nous avons le droit d'espérer que la France va se replacer au premier rang des nations.

Il ne faut pas se le dissimuler. C'est tout un terrain perdu à reconquérir, et le temps n'est plus où la qualité de citoyen français couvrait celui qui la portait, dans toutes les parties du monde, comme autrefois la qualité de citoyen romain. *Ego sum civis romanus!*

Après Richelieu et Louis XIV qui avaient porté si haut notre domination, l'influence française est refoulée sur tous les points ; le règne de Louis XVI allait effacer les hontes de la Régence et de l'alliance anglaise, lorsque la Révolution éclata. La diplomatie disparaît, la France exerce une grande action, mais purement révolutionnaire. L'Empereur régularise cette action, et lui restitue son vrai caractère : l'initiative de la France pour constituer l'unité de l'Europe, unité tentée par

Charlemagne, entrevue par Henri IV, Dieu n'a pas permis que cette œuvre du génie s'accomplît!...

Les douloureux traités de 1815 firent à la Restauration une situation difficile ; il serait injuste de ne pas reconnaître que dans ses dernières années surtout elle fit des tentatives pour se soustraire à cette fausse position ; la révolution de 1830 arrêta ce travail de notre diplomatie, et la France se retrouva isolée, en dehors des grandes alliances continentales qui se préparaient. Notre influence baissa de plus en plus, tandis que l'Angleterre grandissait. C'est une chose pénible à dire, que ces hommes *du National,* qui pendant dix-huit ans avaient si vivement critiqué la faiblesse du gouvernement de juillet, ne surent pas lorsqu'ils arrivèrent au pouvoir prendre une attitude plus digne vis-à-vis de l'étranger. Ce ne fut vraiment qu'au 10 décembre que nous eûmes une politique extérieure. En moins de trois ans, au milieu des plus grandes difficultés intérieures, le Président de la République a plus fait que les gouvernements qui l'ont précédé, gouvernements qui avaient pour eux l'ordre et la paix. L'énergie, l'esprit de suite, que nous avons déjà signalé dans l'affaire de Rome se retrouvent au même degré dans les questions du Piémont, du Danemark, de Cuba, et surtout dans cette affaire de Grèce où la France a pris une attitude vis-à-vis de l'Angleterre. « *Une* « *grande nation doit se taire ou ne jamais parler en vain.* »

Aujourd'hui notre diplomatie se tient à la hauteur de ces nobles paroles, et notre politique extérieure se relève glorieusement.

CHAPITRE III.

Voyages. — 1849.

Chartres. — Amiens. — Ham. — Angers. — Nantes. — Saumur. — Tours. — Rouen. — Le Hâvre. — Elbeuf (du 6 juillet au 13 août 1849). — Épernay. — Sens (3 septembre et 9 septembre 1849).

---

6 JUILLET. — Inauguration du chemin de fer de Paris à Chartres.

Discours au maire de la ville de Chartres.

Je remercie M. le maire des paroles qu'il vient de prononcer, et je porte un toast à la ville de Chartres, où je reçois un accueil si bienveillant et si empressé.

Je suis heureux de visiter cette ville qui rappelle deux grandes époques, deux grands souvenirs de notre histoire.

C'est à Chartres que saint Bernard vint prêcher la deuxième croisade, magnifique idée du moyen-âge, qui arracha la France aux luttes intestines et éleva le culte de la foi au-dessus du culte des intérêts matériels.

C'est aussi à Chartres que fut sacré Henri IV ; c'est ici qu'il marqua le terme de dix années de guerres civiles en venant demander à la religion de bénir le retour à la paix et à la concorde.

Eh bien ! aujourd'hui c'est encore à la foi et à la conciliation qu'il faut faire appel : à la foi, qui nous soutient et nous permet de supporter toutes les difficultés du jour; à la conciliation, qui augmente nos forces et nous fait espérer un meilleur avenir.

Ainsi donc : A la foi! à la conciliation! à la ville de Chartres!

16 JUILLET.—Voyage à Amiens.

Messieurs,

L'accueil flatteur et enthousiaste que je reçois aujourd'hui me touche profondément. J'ai fait si peu encore pour mon pays, que je suis à la fois fier et confus de cette ovation. Aussi je l'attribue bien plus à mon nom qu'à moi-même. Ce nom, la France le savait en me donnant ses suffrages, représentait non-seulement la conquête et la guerre, mais encore l'ordre et la paix. La ville d'Amiens, surtout, en était convaincue, elle qui, au milieu d'une conflagration européenne, avait vu dans ses murs, et dans la salle même où nous sommes, se signer ce fameux traité qui devait, en 1802, concilier les intérêts des deux nations les plus civilisées du monde.

La seule idée de paix de l'Empire passera à la postérité sous le nom de la ville d'Amiens.

C'est donc à ce souvenir que je reporte une réception vraiment triomphale.

Vous voulez la paix, mais une paix glorieuse, fertile en bienfaits au dedans, en influences au dehors.

A la paix! à la ville d'Amiens!

20 JUILLET.—Lettres adressées au maire de la ville d'Amiens et au préfet de ce département.

Paris, 20 juillet 1849.

Monsieur le Maire,

Je n'ai pas assez exprimé à la population d'Amiens les sentiments dont m'a pénétré la réception qu'elle m'a faite. J'ai à cœur d'y suppléer aujourd'hui en vous priant de dire à ces braves citoyens, accourus de toutes parts, quel a été mon bonheur de me trouver ainsi l'objet empressé de leurs sympathies. Remerciez-les en mon nom; dites-leur que cet éclatant témoignage de leur dévouement est pour moi une obligation de plus de me consacrer tout entier à l'accomplissement de la tâche qui m'est confiée.

Veuillez être, monsieur le Maire, mon organe auprès de ceux qui vous ont, à si juste titre, choisi pour leur premier magistrat.

Recevez l'assurance de mes sentiments distingués.

LOUIS-NAPOLÉON BONAPARTE.

Paris, 29 juillet 1849.

Monsieur le Préfet,

L'accueil si sympathique que j'ai reçu à Amiens m'engage à vous écrire pour vous prier d'exprimer encore à la garde nationale et à la garnison la vive émotion que j'ai éprouvée au bruit de leurs acclamations.

Soyez, je vous prie, l'interprète des sentiments qu'il ne m'a pas été permis de manifester autant que je l'aurais désiré. Dites en mon nom aux gardes nationales combien les témoignages animés de leur dévouement me sont précieux. J'y ai trouvé et la plus flatteuse approbation de ma conduite et l'encouragement le plus significatif à suivre la marche que je me suis tracée. Transmettez-leur l'expression de ma sincère reconnaissance.

Faites aussi savoir aux régiments dont j'ai passé la revue que je n'avais pas besoin de la franche et loyale cordialité de leur accueil pour savoir à quel point je pouvais compter sur l'armée. Je les remercie de cette nouvelle preuve d'affection.

Et vous, monsieur le Préfet, qui avez si bien contribué pour votre part à une réception dont le souvenir ne s'effacera jamais de ma mémoire, continuez à entretenir, avec l'excellent esprit qui anime le département de la Somme, l'espérance fondée de voir, par l'ordre et le travail, se réaliser bientôt un meilleur avenir.

Croyez à mes sentiments distingués.

LOUIS-NAPOLÉON BONAPARTE.

22 JUILLET. — Visite de M. le Président de la République à la forteresse de Ham.

Monsieur le Maire,

Je suis profondément ému de la réception affectueuse que je reçois de vos concitoyens. Mais, croyez-le, si je suis venu à Ham, ce n'est pas par orgueil, c'est par reconnaissance. J'avais à cœur de remercier les habitants de cette ville et des environs de toutes les marques de sympathie qu'ils n'ont cessé de me donner pendant mes malheurs.

Aujourd'hui, qu'élu par la France entière je suis devenu le chef légitime de cette grande nation, je ne saurais me glorifier d'une captivité qui avait pour cause l'attaque contre un gouvernement régulier. Quand on a vu combien les révolutions les plus justes entraînent de maux après elles, on comprend à peine l'audace d'avoir voulu assumer sur soi la terrible responsabilité d'un changement. Je ne me plains donc pas d'avoir expié ici, par un emprisonnement de six années, ma témérité contre les lois de ma patrie, et c'est avec bonheur que, dans les lieux mêmes où j'ai souffert, je vous propose un toast en l'honneur des hommes qui sont déterminés, malgré leurs convictions, à respecter les institutions de leur pays.

29 JUILLET.—Inauguration du chemin de fer de Tours à Angers.

Messieurs,

En parcourant votre ville au milieu des acclamations de la population, je me demandais ce que j'avais fait pour mériter un accueil si flatteur et si enthousiaste.

Ce n'est pas seulement parce que je suis le neveu de l'homme qui fit cesser toutes nos dissensions civiles que vous me recevez avec tant de bienveillance: je ne puis faire pour vous ce que l'Empereur a fait, je n'ai ni son génie ni sa puissance ; mais ce qui explique vos acclamations, c'est que je représente ce système de modération et de conciliation qui a été inauguré par la République, ce système qui consiste à ancrer en France, non cette liberté sauvage qui permet à chacun de faire ce qu'il veut, mais la liberté des peuples civilisés, qui permet à chacun de faire ce qui ne peut pas nuire à la communauté.

Sous tous les régimes il y aura, je le sais des oppresseurs et des opprimés ; mais tant que je serai Président de la République, il n'y aura pas de parti opprimé.

Aucune ville mieux qu'Angers ne comprend, je crois, cette sage politique, et n'est plus dévouée à cette saine et sainte politique que nous voulons tous faire triompher. *A la ville d'Angers!*

30 JUILLET.—Discours de Nantes.

Le voyage que j'ai fait pour venir ici auprès de vous restera profondément gravé dans mon cœur, car il a été fertile en souvenirs et en espoir. Ce n'est pas sans émotion que j'ai vu ce grand fleuve derrière lequel se sont réfugiés les derniers glorieux bataillons de notre grande armée; ce n'est pas sans émotion que je me suis arrêté avec respect devant le tombeau de Bonchamp ; ce n'est pas sans émotion qu'aujourd'hui, assis au milieu de vous, je me trouve en face de la statue de Cambronne. Tous ces souvenirs, si noblement appréciés par vous, me prouvent que, si le sort le voulait, nous serions encore la grande nation par les armes. Mais il y a une gloire tout aussi grande aujourd'hui : c'est de nous opposer à toute guerre civile et à toute guerre étrangère, et de grandir par le développement progressif de notre industrie et de notre commerce. Voyez cette forêt de mâts qui languit ici dans votre port, elle n'attend qu'une aide pour porter au bout du monde les produits de notre civilation. Soyons unis, oublions toute cause de dissension, soyons dévoués à l'ordre et aux grands intérêts de notre pays, et bientôt nous serons encore la grande nation par les arts, par l'industrie, par le commerce. La ville de Nantes qui me reçoit si bien aujourd'hui, est vivement intéressée dans cette question, car elle est destinée, par sa position, à atteindre le plus haut degré de prospérité commerciale. Je porte donc un toast à l'avenir de la ville de Nantes et à sa prospérité.

31 JUILLET.—Discours de Saumur.

De toutes les villes que j'ai traversées depuis que j'ai quitté Paris, Saumur n'est point la plus grande, mais elle n'est pas la moins importante ; car ce n'est pas seulement par son admirable position, par son commerce qu'elle se distingue, mais c'est encore par son patriotisme. Ce sentiment est entretenu par la célèbre école qui y est établie ; car, dans cet établissement où se forment de si bons officiers, on n'apprend pas seulement à monter à cheval, mais on acquiert ces habitudes de discipline, d'ordre et de hiérarchie qui constituent le bon soldat et aussi le bon citoyen. Ici l'esprit militaire est encore dans toute sa force, et, Dieu en soit loué! il n'est pas près de s'éteindre. N'oublions pas que cet esprit militaire est, dans les temps de crise, la sauvegarde de la patrie.

Dans la première révolution, l'Empereur l'a dit, tandis qu'à l'intérieur tous les partis se décimaient et se déshonoraient réciproquement par leurs excès, l'honneur national s'était réfugié dans nos armées.

Faisons donc tous nos efforts pour garder intact, pour développer encore cet esprit militaire; car, croyez-le, si les produits des arts et des sciences méritent toute notre admiration, il y a quelque chose qui la mérite encore davantage, c'est la religion du devoir, c'est la fidélité au drapeau.

A la ville de Saumur et à son école militaire.

1er AOUT.—Arrivée à Tours.

Je dois remercier d'abord la ville de Tours de l'aimable accueil qu'elle m'a fait; mais je dois dire aussi que les acclamations dont je suis l'objet me touchent bien plus qu'elles ne m'enorgueillissent. J'ai trop bien connu le malheur pour ne pas être à l'abri des entraînements de la prospérité. Je ne suis pas venu au milieu de vous avec une arrière-pensée, mais pour me montrer tel que je suis, et non tel que la calomnie veut me faire. On a prétendu, on prétend encore aujourd'hui à Paris que le Gouvernement médite quelque entreprise semblable au 18 brumaire. Mais sommes-nous donc dans les mêmes circonstances? Les armées étrangères ont-elles envahi notre territoire? La France est-elle déchirée par la guerre civile? Y a-t-il 80,000 familles en émigration? Y a-t-il 100,000 familles mises hors la loi par la loi des suspects? Enfin la loi est-elle sans vigueur, et l'autorité sans force? Non, nous ne sommes pas dans des conditions qui nécessitent de si héroïques remèdes. A mes yeux la France peut être comparée à un vaisseau qui, après avoir été ballotté par les tempêtes, a trouvé enfin une rade plus ou moins bonne, mais enfin où il a jeté l'ancre. Eh bien! dans ce cas, il faut radouber le navire, refaire son lest, rétablir ses mâts et sa voilure, avant de se hasarder encore dans la pleine mer. Les lois que nous avons peuvent être plus ou moins défectueuses; mais elles sont susceptibles de perfectionnements. Confiez-vous donc à l'avenir, sans songer ni aux coups d'État ni aux insurrections.

Les coups d'Etat n'ont aucun prétexte, les insurrections n'ont aucune chance de succès; à peine commencées, elles seraient immédiatement réprimées. Ayez confiance dans l'Assemblée nationale et dans vos premiers magistrats, qui sont les élus de la nation, et surtout comptez sur la protection de l'Être suprême, qui encore aujourd'hui protége la France.

Je termine en portant un toast à la prospérité de la ville de Tours!

11 AOUT.—Voyage à Rouen.

Messieurs,

Plus je visite les villes principales de la France, et plus forte est ma conviction que tous les éléments de la prospérité publique sont renfermés dans ce pays.

Qui est-ce qui empêche donc aujourd'hui notre prospérité de se développer et de porter ses fruits? Permettez-moi de vous le dire : c'est que le propre de notre époque est de nous laisser séduire par des chimères au lieu de nous attacher à la réalité.

Messieurs, je l'ai dit dans mon *Message* : « Plus les maux de la société sont patents, et plus certains esprits sont enclins à se jeter dans le mysticisme des théories. »

Mais, en réalité, de quoi s'agit-il? il ne s'agit pas de dire : Adorez ce que vous avez brûlé, et brûlez ce que vous avez adoré pendant tant de siècles; il s'agit de donner à la société plus de calme et plus de stabilité ; et comme l'a dit un homme que la France estime et que vous aimez tous ici, M. Thiers : » Le véritable génie de notre époque consiste dans le simple bon sens. »

C'est surtout dans cette belle ville de Rouen que règne le bon sens, et c'est à lui que je dois l'unanimité des suffrages du 10 décembre: car, Messieurs, vous m'avez bien jugé, en pensant que le neveu de l'homme qui a tant fait pour asseoir la société sur ses bases naturelles ne pouvait pas avoir la pensée de jeter cette société dans le vague des théories.

Aussi, Messieurs, je suis heureux de pouvoir vous remercier des 180,000 votes que vous m'avez donnés. Je suis heureux de me trouver au milieu de cette belle ville de Rouen, qui renferme en elle le germe de tant de richesses... Et j'ai admiré ces collines parées des trésors de l'agriculture; j'ai admiré cette rivière qui porte au loin tous les produits de votre industrie.

Enfin, je n'ai pas été moins frappé à l'aspect de la statue du grand Corneille. Savez-vous ce qu'elle me prouve? C'est que vous n'êtes pas seulement dévoués aux grands intérêts du commerce, mais que vous avez aussi de l'admiration pour tout ce qu'il y a de noble dans les lettres, les arts et les sciences.

Messieurs, je bois à la ville de Rouen, et suis profondément reconnaissant de l'accueil que j'ai reçu aujourd'hui de vous.

12 AOUT. — Le Hâvre.

Je regrette vivement, Messieurs, de ne pouvoir vous remercier autant que je le voudrais de votre aimable accueil.

Permettez-moi de porter en peu de mots un toast à la

ville du Havre et à la prospérité de son commerce.

La population de cette ville se convaincra chaque jour davantage qu'il n'y a pas de prospérité pour le commerce, sans ordre et sans stabilité. Non, en dehors de l'ordre et de la stabilité, il ne peut y avoir de prospérité publique.

Messieurs, je bois à la ville du Havre.

13 AOUT. — Visite aux établissements industriels d'Elbeuf et de Louviers. Le maire d'Elbeuf, dans son discours, rappelle au Président la visite faite par le premier consul en 1802.

Le Président de la République lui a répondu en ces termes :

Messieurs,

Je suis bien heureux de voir que la ville d'Elbeuf n'a pas oublié ce que mon oncle a fait pour le développement de son commerce et de son industrie.

J'espère que ces deux sources de la richesse publique se développeront de plus en plus. Ce but est celui que mon Gouvernement a plus à cœur d'atteindre.

Permettez-moi, Messieurs, de porter un toast à la ville d'Elbœuf, à son industrie et à son commerce.

Dans l'établissement de M. Victor Grandin, un ouvrier en blouse harangue le Président qui lui répond :

Je suis bien touché des paroles que vous venez de m'adresser au nom des ouvriers d'Elbeuf. Vous ne vous trompez pas en pensant que ma sollicitude est acquise à la classe ouvrière : mes efforts auront toujours pour objet d'améliorer sa position.

3 SEPTEMBRE. — Inauguration du chemin de fer de Paris à Épernay, sur la ligne de Strasbourg.

Au banquet le Président s'exprime ainsi qu'il suit :

Messieurs,

L'inauguration d'un chemin de fer est toujours une

fête nationale à laquelle je suis heureux de m'associer; mais l'inauguration du chemin de Paris à Strasbourg est à mes yeux un événement important à cause des lieux qu'il traverse.

En effet, en voyant Château-Thierry, La Ferté, Épernay, on se retrace les dernières et héroïques luttes de l'Empire contre l'Europe coalisée; et je me suis dit que si ce chemin de fer eût existé à cette époque, si l'empereur Napoléon eût connu la vapeur, jamais nous n'aurions vu les étrangers envahir la capitale de la France.

Honneur donc aux chemins de fer, puisque dans la paix ils développent la prospérité commerciale, et que pendant la guerre ils concourent à fortifier l'indépendance de la patrie! Honneur aussi à la ville d'Epernay, qui a conservé intacts les sentiments de patriotisme et de nationalité!

A Epernay!

9 SEPTEMBRE.—Inauguration du chemin de fer de Paris à Sens.

Arrivé à Sens, le Président prononce le discours suivant :

Messieurs,

Il y a un an, à pareille époque, j'étais exilé, proscrit : si jeusse voulu mettre le pied sur le territoire français, on m'en eût interdit l'entrée. Aujourd'hui je suis le chef reconnu de la grande nation.

Qui a produit ce changement dans ma destinée? C'est vous, c'est le département de l'Yonne tout entier, qui, en m'élisant représentant du peuple, m'a rappelé dans mon pays.

Vous avez pensé, Messieurs, que mon nom serait utile à la France; vous vous êtes dit qu'étranger à tous les partis, je n'étais hostile à aucun, et qu'en réunissant sous le même drapeau tous les hommes dévoués à notre patrie, je pourrais servir de point de ralliement dans un moment où les partis semblaient acharnés les uns contre les autres.

Le département de l'Yonne a donné l'exemple, exemple qui a été suivi, qui a été contagieux, puisque plus tard la France m'a donné six millions de suffrages.

Il y a longtemps que je désirais me trouver au milieu de vous. Je désirais voir de mes yeux ceux dont les suffrages sont venus les premiers me chercher sur la terre étrangère.

Je ne vous remercie pas de m'avoir donné le pouvoir. Le pouvoir est un lourd fardeau. Ce dont je vous remercie, c'est de m'avoir ouvert les portes de ma patrie.

Messieurs, j'aurais voulu pouvoir aller jusqu'à Tonnerre, où j'aurais été plus au centre du département, pour lui témoigner toute ma reconnaissance; mais le temps m'a manqué. Je le regrette vive ment.

Permettez-moi donc, Messieurs, de porter un toast, non-seulement à la ville de Sens, mais au département de l'Yonne tout entier.

Croyez que je serai toujours digne de la confiance que vous m'avez témoignée d'une manière si touchante.

A la ville de Sens! au département de l'Yonne tout entier!

Dans ses premiers voyages, le Président a pour but de se mettre en rapport direct et intime avec le pays. Tous ses discours respirent un sentiment de paix et de conciliation; à Chartres, il porte un toast *à la foi, à la conciliation;* à Amiens, il n'oublie pas de rappeler le fameux traité de paix signé par l'Empereur en 1802 (traité que les Anglais devaient rompre les premiers), et il appuie sur cette idée que l'on ne peut vouloir comme lui qu'une paix *glorieuse en bienfaits au dedans, en influence au dehors*. Ce n'est pas un pareil chef du gouvernement, on le sent dans ces paroles aussi fermes que pleines de noblesse, qui eût accommodé sa politique aux faiblesses du dernier règne. Il veut la paix, c'est vrai ; mais en faisant cette déclaration, il se tient fièrement debout, et s'appuie sur son épée ! La France parle par sa bouche !....

Le Président, à diverses reprises, fait appel à des sentiments de concorde : quelle que soit l'attitude hostile des partis, il espère encore les désarmer par cet esprit de paix qu'il se plaît à montrer ouvertement à tous. Si donc plus tard, il est poussé à des nécessités terribles, il sera bien établi qu'il n'y aura eu recours qu'après avoir épuisé toutes les voies pacifiques. Le 2 décembre n'éclatera que lorsque tout le cercle des mauvais vouloirs aura été parcouru.

Dans le discours prononcé à Angers, mêmes tendances, même caractère : « *Ce qui explique vos acclamations,* dit-il, « *c'est que je représente ce système de modération et de* « *conciliation qui a été inauguré par la République.* » Il distingue entre *la liberté sauvage qui promet à chacun de faire ce qu'il veut*, et la liberté *des pays civilisés qui permet à chacun de faire ce qui ne peut pas nuire à la communauté*. N'est-ce pas en faisant preuve d'une haute sagesse, tenir une balance égale entre le besoin de conservation et le besoin de progrès, dont la conciliation n'a pas encore été trouvée ?

A Nantes il s'écrie : qu'il y a une gloire tout aussi grande aujourd'hui que celle d'être encore la grande nation par les armes ; *c'est de nous opposer à toute guerre civile et à toute guerre étrangère, et de grandir par le développement progressif de notre industrie et de notre commerce*. Ces paroles sont encore ici comme à Amiens la glorification de la paix, à l'extérieur comme à l'intérieur. Enfin à Sens, en présence de ces Paysans de l'Yonne qui d'un vote unanime l'ont rappelé de l'exil, Louis-Napoléon déclare *qu'il est étranger à tous les partis, qu'il n'est hostile à aucun, et qu'il peut servir de point de ralliement.*

Loin de Paris, au milieu de ces populations livrées à elles-mêmes, en contact avec le véritable esprit de la France, que les passions mauvaises n'ont point perverti, le président peut espérer que tout se dénouera pacifiquement, et ce sentiment de conciliation se traduit à chaque instant par les témoignages les plus sincères : c'est ainsi que Louis-Napoléon prononcera avec respect le nom de Bonchamps, le héros vendéen, et s'inclinera devant son tombeau, tout en rendant hommage à Cambronne, le soldat de Waterloo!

Cet esprit de conciliation se rencontre toujours avec une intelligence vive de l'histoire, et c'est là le signe particulier des hommes d'Etat appelés à dominer les partis. Pour Louis-Napoléon, la France ne commence pas en 1790 ; il accepte toutes les traditions de la nationalité, et dans cette patriotique Champagne encore toute émue des luttes de 1815, l'homme des races nouvelles , le César populaire vient glorifier la mémoire de saint Bernard et de Henri IV. — Saint-Bernard , c'est-à-dire les croisades épiques, le mouvement des libertés communales, la formation de l'unité française, l'Orient refoulé par le Christianisme , *gesta Dei per Francos.* — Le sacre de Henri IV, c'est-à-dire le protestantisme à jamais repoussé par la race latine, et tout à la fois la liberté de conscience reconnue, fondée.

Tous ces discours, on le voit, sont d'une grande importance ; mais il en est un qui pour nous résume tout l'intérêt de ce chapitre, nous voulons parler du discours de *Ham.* Il était difficile de montrer à la fois plus de tact et de noblesse. Les sympathies des hommes d'État les plus éminents furent acquises au Président dans toute l'Europe , du jour où il eut prononcé ces paroles mémorables : *Les révolutions les plus justes entraînent après elles tant de maux, que l'on comprend à peine l'audace d'avoir voulu assumer sur soi la terrible responsabilité d'un changement.* Et nous ajouterions : *d'un changement même légitime, et justifié par dix-huit ans de fautes.*

CHAPITRE IV.

Discours de Paris.—1849.—1850.—1851.

Discours de l'industrie (Jardin d'Hiver).—Aux artistes, exposition de 1849.—Institution de la magistrature.—A l'industrie nationale.—Banquet du 10 décembre.—Réponse à M. Dupin et à M. Berger.—Au conseil général de l'agriculture, au Luxembourg.—Au ministre de l'intérieur, à propos de la restauration des salles du Louvre.

---

31 AOUT.—Banquet donné par les exposants de l'industrie nationale dans le Jardin-d'Hiver.

Messieurs,

Le véritable congrès de la paix n'était pas dans la salle Sainte-Cécile. Il est ici, c'est vous qui le composez, vous, l'élite de l'industrie française. Ailleurs on ne formait que des vœux, ici sont représentés tous les grands intérêts que la paix seule développe. Lorsqu'on a admiré comme moi tous ces prodiges de l'industrie étalés aux regards de la France entière, lorsqu'on pense combien de bras ont concouru à la production de ces objets, et combien d'existences dépendent de leur vente, on se console d'être arrivé à une époque à laquelle est réservée une autre gloire que celle des armes. En effet, aujourd'hui, c'est par le perfectionnement de l'industrie, par les conquêtes du commerce qu'il faut lutter avec le monde entier ; et dans cette lutte, vous m'en avez donné la conviction, nous ne succomberons pas. Mais aussi n'oubliez pas de répandre parmi les ouvriers les saines doctrines de l'économie politique : en leur faisant une juste part dans la rétribution du travail, prouvez-leur que l'intérêt du riche n'est pas opposé à l'intérêt du pauvre.

Je vous remercie de la manière flatteuse dont vous appréciez mes efforts pour le bien public, et je porte un toast :

A la prospérité de l'industrie française!

A ses honorables représentants !

13 SEPTEMBRE.—Distribution par le Président des récompenses décernées aux artistes, à la suite de l'exposition de 1849.

Messieurs,

Je n'ai voulu céder à personne le plaisir et le droit de vous remettre les récompenses qui vous sont dues. La plus douce prérogative du Pouvoir, c'est d'encourager le mérite partout où il le rencontre.

J'ai admiré les chefs-d'œuvre que vous avez offerts au public, cette année, dans l'exposition de peinture et de sculpture, et je suis heureux de constater les beaux résultats obtenus par les artistes français, malgré l'agitation politique qui a dû les préoccuper et prendre leurs loisirs.

J'espère que l'exposition de l'année prochaine sera plus belle encore que celle-ci. L'Empereur disait à ses soldats qu'ils n'avaient rien fait tant qu'il restait quelque chose à faire. Redoublez donc aussi d'efforts pour contribuer pour votre part à rehausser encore la gloire du nom français. Encourageons, honorons les beaux-arts, car ce sont eux qui adoucissent les mœurs, élèvent l'âme, consolent dans les mauvais jours et embellissent les jours prospères.

Soyez assurés, Messieurs, que je suivrai toujours vos progrès avec la plus vive sollicitude, et comptez sur l'intérêt que m'inspirent vos nobles travaux.

3 novembre. — Cérémonie d'institution de la magistrature au Palais-de-Justice.

Messieurs,

Je suis heureux de me trouver aujourd'hui au milieu de vous et de présider une cérémonie solennelle qui, en reconstituant la magistrature, rétablit un principe qu'un égarement momentané a pu seul faire méconnaître. Aux époques agitées, dans les temps où les notions du juste et de l'injuste semblent confondues, il est utile de relever le prestige des grandes institutions et de prouver que certains principes renferment en eux une force indestructible. On aime à pouvoir dire : Les lois fondamentales du pays ont été renouvelées, tous les pouvoirs de l'État sont passés en d'autres mains, et cependant au milieu de ces bouleversements et de ces naufrages, le principe de l'inamovibilité de la magistrature est resté debout. En effet, les sociétés ne se transforment pas au gré des ambitions humaines ; les formes changent ; la chose reste. Malgré les tempêtes politiques survenues depuis 1815, nous ne vivons encore que grâce aux larges institutions fondées par le Consulat et l'Empire ; les dynasties et les chartes ont passé, mais ce qui a survécu et ce qui nous sauve, c'est la religion, c'est l'organisation de la justice, de l'armée, de l'administration.

Honorons donc ce qui est immuable, mais honorons aussi ce qu'il peut y avoir de bon dans les changements introduits. Aujourd'hui, par exemple, qu'accourus de tous les points de la France, vous venez devant le premier magistrat de la République prêter serment, ce n'est pas à un homme que vous jurez fidélité, mais à la loi. Vous venez ici, en présence de Dieu et des grands pouvoirs de l'État, jurer de remplir religieusement un mandat dont l'accomplissement austère a toujours distingué la magistrature française.

Il est consolant de songer qu'en dehors des passions politiques et des agitations de la société, il existe un corps d'hommes n'ayant d'autre guide que leur conscience, d'autre passion que le bien, d'autre but que de faire régner la justice.

Vous allez, messieurs, retourner dans vos départements; reportez-y la conviction que nous sommes sortis de l'ère des révolutions, et que nous sommes entrés dans l'ère des améliorations qui préviennent les catastrophes. Appliquez avec fermeté, mais aussi avec l'impartialité la plus grande, les dispositions tutélaires de nos Codes. Qu'il n'y ait jamais de coupables impunis, ni d'innocents persécutés. Il est temps, comme je l'ai dit naguère, que ceux qui veulent le bien se rassurent, et que ceux-là se résignent qui tentent de mettre leurs opinions et leurs passions à la place de la volonté nationale.

En appliquant la justice dans la plus noble et la plus large aception de ce grand mot, vous aurez, Messieurs, beaucoup fait pour la consolidation de la République, car vous aurez fortifié dans le pays le respect de la loi, ce premier devoir, cette première qualité d'un peuple libre.

11 NOVEMBRE.—Distribution dans la salle des Pas-Perdus au Palais-de-Justice, des récompenses décernées à l'industrie nationale.

Messieurs,

En vous voyant recevoir le juste prix de ces travaux qui maintiennent la réputation industrielle de la France à la hauteur qui lui est due, je me disais : Elle n'a pas perdu le sentiment de l'honneur, cette nation où une simple distinction devient pour tous les mérites une ample récompense; elle n'est pas dégénérée, cette nation qui, malgré ses bouleversements, alors qu'on croyait les ateliers déserts et le travail paralysé, est venue faire luire à nos yeux, comme une consolation et un espoir, les merveilles de ses produits.

Le degré de civilisation d'un pays se relève par les progrès de l'industrie comme par ceux des sciences et des arts. L'exposition dernière doit nous rendre fiers; elle constate à la fois l'état de nos connaissances et l'état de notre société. Plus nous avançons, plus, ainsi que l'annonçait l'Empereur, les métiers deviennent des arts, et plus le luxe lui même devient un objet d'utilité, une condition première de notre existence. Mais ce luxe qui, par l'attrait de séduisants produits, attire le superflu du riche pour rémunérer le travail du pauvre, ne prospère que si l'agriculture, développée dans les mêmes proportions, augmente les richesses premières du pays et multiplie les consommateurs.

Aussi le soin principal d'une administration éclairée, et préoccupée surtout des intérêts généraux, est de diminuer le plus possible les charges qui pèsent sur la terre. Malgré les sophismes répandus tous les jours pour égarer le peuple, il est un principe incontestable qui, en Suisse, en Amérique, en Angleterre, a donné les résultats les plus avantageux : c'est d'affranchir la production et de n'imposer que la consommation. La richesse d'un pays est comme un fleuve ; si l'on prend les eaux à sa source, on le tarit ; si on les prend au contraire, lorsque le fleuve a grandi, on peut en détourner une large masse sans altérer son cours.

Au Gouvernement appartient d'établir et de propager les bons principes d'économie politique, d'encourager, de protéger, d'honorer le travail national. Il doit être l'instigateur de tout ce qui tend à élever la condition de l'homme; mais le plus grand bienfait qu'il puisse donner, celui d'où découlent tous les autres, c'est d'établir une bonne administration qui crée la confiance et assure un lendemain. Le plus grand danger peut-être des temps modernes vient de cette fausse opinion, inculquée dans les esprits, qu'un gouvernement peut tout, et qu'il est de l'essence d'un système quelconque de répondre à toutes les exigences, de remédier à tous les maux. Les améliorations ne s'improvisent pas, elles naissent de celles qui les précèdent ; comme l'espèce humaine, elles ont une filiation qui nous permet de mesurer l'étendue du progrès possible et de le séparer des utopies. Ne faisons donc pas naître de vaines espérances, mais tâchons d'accomplir toutes celles qu'il est raisonnable d'accepter ; manifestons par nos actes une constante sollicitude pour les intérêts du peuple; réalisons, au profit de ceux qui travaillent, ce vœu philanthropique d'une part meilleure dans les bénéfices et d'un avenir plus assuré.

Lorsque, de retour dans vos départements, vous serez au milieu de vos ouvriers, affermissez-les dans les bons sentiments, dans les saines maximes, et, par la pratique de cette justice qui récompense chacun selon ses œuvres, apaisez leurs souffrances, rendez leur condition meilleure. Dites-leur que le Pouvoir est animé de deux passions également vives : l'amour du bien et la volonté de combattre l'erreur et le mensonge. Pendant que vous ferez ainsi votre devoir de citoyens, moi, n'en doutez pas, je ferai mon devoir de premier magistrat de la République. Impassible devant les calomnies comme devant les séductions, sans faiblesse comme sans jactance, je veillerai à vos intérêts, qui sont les miens, je maintiendrai mes droits, qui sont les vôtres.

9 DÉCEMBRE.—Banquet offert par le président de l'Assemblée législative, à l'occasion de l'anniversaire du 10 décembre.

C'est d'un heureux augure pour la paix au dedans comme au dehors, de fêter le premier anniversaire du 10 décembre au milieu d'un grand nombre des membres de l'Assemblée et en présence du corps diplomatique. Entre l'Assemblée et moi, il y a communauté d'origine, communauté d'intérêts. Issus tous du suffrage populaire, nous aspirons tous au même but, le raffermissement de la société et la prospérité du pays. Permettez-moi donc de répéter le toast de votre Président. :

A l'union des pouvoirs publics!

J'ajoute :

A l'Assemblée!

A son honorable Président!

10 DÉCEMBRE.—Fête de l'Hôtel-de-Ville, à l'occasion de cet anniversaire.

Messieurs,

Je remercie le corps municipal de m'avoir invité à l'Hôtel-de-Ville et d'avoir fait distribuer aujourd'hui même de nombreux secours aux indigents. Soulager l'infortune était à mes yeux la meilleure manière de célébrer le 10 décembre.

Je ne viens pas récapituler ici ce que nous avons fait depuis un an. Mais la seule chose dont je m'enorgueillisse, c'est d'avoir, grâce aux hommes qui m'ont entouré et qui m'entourent encore, maintenu la légalité intacte et la tranquillité sans collision.

L'année qui commence sera, je l'espère, plus fertile encore en heureux résultats, surtout si, comme l'a dit M. le Préfet de la Seine, tous les grands pouvoirs restent intimement unis. J'appelle grands pouvoirs ceux élus par le peuple : l'Assemblée et le Président.

Oui, j'ai foi dans leur union féconde ; nous marcherons au lieu de rester immobiles : car, ce qui donne une force irrésistible, même au mortel le plus humble, c'est d'avoir devant lui un grand but à atteindre et derrière une grande cause à défendre.

Pour nous, cette cause, c'est celle de la civilisation tout entière.

C'est la cause de cette sage et sainte liberté qui tous les jours se trouve de plus en plus menacée par les excès qui la profanent.

C'est la cause des classes laborieuses, dont le bien-être est sans cesse compromis par ces théories insensées qui, soulevant les passions les plus brutales et les craintes les plus légitimes, feraient haïr jusqu'à la pensée même des améliorations.

C'est la cause du Gouvernement représentatif, qui perd son prestige salutaire par l'acrimonie du langage et les lenteurs apportées à l'adoption des mesures les plus utiles.

C'est la cause de la grandeur et de l'indépendance de la France, car, si les idées qui nous combattent pouvaient triompher, elles détruiraient nos finances, notre armée, notre crédit, notre prépondérance, tout en nous forçant à déclarer la guerre à l'Europe entière.

Aussi, jamais cause n'a été plus juste, plus patriotique, plus sacrée que la nôtre.

Quant au but que nous avons à atteindre, il est tout aussi noble que la cause. Ce n'est pas la copie mesquine d'un passé quelconque qu'il s'agit de refaire, mais il s'agit de convier tous les hommes de cœur et d'intelligence à consolider quelque chose de plus grand qu'une charte, de plus durable qu'une dynastie : les principes éternels de religion et de morale en même temps que les règles nouvelles d'une saine politique.

La ville de Paris, si intelligente, et qui ne veut se

souvenir des agitations révolutionnaires que pour les conjurer, comprendra une marche qui, en suivant le sentier étroit tracé par la Constitution, permette d'envisager un vaste horizon d'espérance et de sécurité.

On a dit souvent que, lorsqu'on parle honneur, il y avait écho en France. Espérons que, lorsqu'on y parle raison, on trouvera un retentissement égal dans les esprits comme dans les cœurs des hommes dévoués avant tout à leur pays.

Je propose un toast à la ville de Paris et au corps municipal.

7 AVRIL 1850.—Ouverture, au Luxembourg, de la session du conseil général de l'agriculture, du commerce et des manufactures.

Messieurs,

Jamais le concours de toutes les intelligences n'a été plus nécessaire que dans les circonstances actuelles. Il y a quatre ans, époque de votre dernière réunion, vous jouissiez d'une sécurité complète qui vous donnait le temps d'étudier à loisir les améliorations destinées à faciliter le jeu régulier des institutions. Aujourd'hui, la tâche est plus difficile : un bouleversement imprévu a fait trembler le sol sous vos pas; tout a été remis en question. Il faut, d'un côté, raffermir les choses ébranlées; de l'autre, adopter avec résolution les mesures propres à venir en aide aux intérêts en souffrance. Le meilleur moyen de réduire à l'impuissance ce qui est dangereux et faux, c'est d'accepter ce qui est vraiment bon et utile.

La position embarrassée de l'agriculture appelle avant tout les conseils de votre expérience. Déjà le Gouvernement lui a porté les premiers secours par le dégrèvement de 27 millions sur la propriété foncière, annoncé à l'Assemblée législative, et par la présentation du projet de loi sur la réforme hypothécaire. De plus, pour faciliter les emprunts, il a renoncé à une partie du droit d'enregistrement des créances hypothécaires, et bientôt il vous consultera sur un projet de crédit foncier qui offrira, je l'espère, des avantages réels à la propriété, et n'exposera pas le pays aux dangers du papier-monnaie.

On attend avec impatience votre avis au sujet du dégrèvement successif de l'impôt du sucre. Sans nuire à l'industrie importante du sucre indigène ni à la production coloniale, nous voudrions, dans l'intérêt des consommateurs, diminuer le prix d'une denrée devenue de première nécessité.

Bien des industries languissent; elles ne se relèveront, comme l'agriculture et le commerce, que lorsque le crédit public lui-même sera rétabli. Le crédit, ne l'oublions pas, c'est le côté moral des intérêts matériels : c'est l'esprit qui anime le corps. Il décuple, par la confiance, la valeur de tous les produits, tandis que la défiance les réduit à néant. La France, par exemple, ne possède pas aujourd'hui trop de blé, mais le manque de foi dans l'avenir paralyse les transactions, maintient le bas prix des denrées premières, et cause à l'agriculture une perte immense hors de toute proportion avec certains remèdes indiqués.

Ainsi, au lieu de se lancer dans de vaines théories, les hommes sensés doivent unir leurs efforts aux nôtres afin de relever le crédit, en donnant au Gouvernement la force indispensable au maintien de l'ordre et du respect de la loi.

Tout en prenant les mesures générales qui doivent concourir à la prospérité du pays, le Gouvernement s'est occupé du sort des classes laborieuses. Les caisses d'épargne, les caisses de retraite, les caisses de secours mutuels, la salubrité des logements d'ouvriers, tels sont les objets sur lesquels, en attendant la décision de l'Assemblée, le Gouvernement appellera votre attention.

Une réunion comme la vôtre, composée d'hommes spéciaux aussi éclairés, aussi compétents, sera fertile, j'aime à le croire, en heureux résultats. Exempts de cet esprit de parti qui paralyse aujourd'hui les meilleures intentions et prolonge le malaise, vous n'avez qu'un mobile, l'intérêt du pays. Examinez donc, avec le soin consciencieux dont vous êtes capables, les questions les plus pratiques, celles d'une application immédiate. De mon côté, ce qui sera possible, je le ferai avec l'appui de l'Assemblée; mais, je ne saurais trop le répéter, hâtons-nous, le temps presse : que la marche des mauvaises passions ne devance pas la nôtre.

5 JUIN 1851.—Inauguration des salles restaurées du Louvre.

Monsieur le Ministre,

En inaugurant l'ouverture de ce vieux monument si riche en souvenirs historiques et en objets d'art, ma première pensée est de me réjouir de ce que, malgré les révolutions, malgré les préoccupations politiques, la France soit restée la patrie des arts et des sciences, toujours prête à admirer, à provoquer, à suivre ce qu'il y a de grand, de beau, de généreux. Je dois ensuite adresser mes félicitations sympathiques à ceux qui ont restauré ce monument avec tant d'habileté et classé ses chefs-d'œuvre avec tant de goût. Enfin, je suis heureux qu'une cérémonie, qui a son importance et son éclat, se fasse sous les hospices d'un ministre qui a tant de titres à ma confiance et à ma reconnaissance.

Personne n'oserait nier la gloire de l'Empire; mais on a soin de présenter le système impérial comme un système exclusif de conquêtes, de guerre à outrance, comme une dictature héroïque née dans des circonstances extraordinaires, pour disparaître tout-à-coup sans laisser de traces. On ne veut pas voir que la Révolution avait légué à l'Empereur une terrible situation extérieure qui devait se résoudre avant tout ;et la haine de l'Angleterre s'est toujours jetée en travers des idées pacifiques de Napoléon si noblement manifestées dans des occasions solennelles.

Les immenses travaux exécutés et projetés sous ce règne, l'éclatante protection accordée aux sciences, la puissante organisation administrative, les grandes voies de communications ouvertes sur tous les points, toutes ces œuvres de génie n'étaien qu'une ébauche dans la pensée de l'Empereur, et ce noble désir de la paix se trouve consigné à chaque page du Mémorial de Sainte-Hélène, dans ces graves confidences de l'exil.

Nous n'avons pas vu le développement des institutions napoléoniennes ; aujourd'hui on peut affirmer que tout en restant la grande nation agricole, la France serait devenue le centre d'un magnifique mouvement industriel. C'est un fait établi pour tout esprit de bonne foi ; mais l'opinion contraire qui ne résisterait pas à un sérieux examen n'en est pas moins répandue, et très-habilement entretenue. Louis-Napoléon devait avant tout combattre ces préjugés. Prétendre qu'il hésiterait dans les questions d'honneur national, c'eût été tout simplement absurde, et les hostilités les plus haineuses n'ont jamais élevé ce soupçon. Mais les partis avaient intérêt à présenter l'héritier de l'Empereur comme le continuateur d'un système purement militaire : le Président devait ne négliger aucune occasion d'éclairer sur ce point l'opinion publique ; il l'a fait avec franchise, et les esprits les plus prévenus doivent savoir maintenant que Louis-Napoléon, tout en s'inspirant du génie de l'Empereur, comprend la différence des époques, et saura diriger l'activité nationale vers l'agriculture, les arts et l'industrie. Ses discours au Jardin d'Hiver, au Louvre, etc., en sont le témoignage.

Par une heureuse coïncidence, le discours sur l'institution de la magistrature prend sa place dans notre classification à côté des discours sur les arts et l'industrie. La prospérité d'une nation n'est-elle pas en effet attachée à la justice, ce premier besoin des sociétés ? Le principe de l'inamovibilité de la magistrature est une des plus grandes conquêtes de la civilisation ; c'est la plus haute garantie de la liberté. Ce principe compromis, menacé par la Révolution de Février est définitivement consacré par Louis-Napoléon.

CHAPITRE V.

Voyages. — 1850.

Saint-Quentin.—La Fère.—Fixin.—Dijon.—Lyon : réponse au maire, au bâtonnier des avocats, au président de la caisse de retraite des ouvriers, au président de la chambre de commerce. —Strasbourg.—Dieuze.—Reims : à l'archevêque, au maire. —Caen.—Cherbourg : à M. de Tocqueville, au président de la chambre de commerce, au maire.—La Tour-du-Pin.

Voyage de Saint-Quentin.

9 JUIN.—Inauguration du chemin de fer de Creil à Saint-Quentin.

Je suis heureux de me trouver parmi vous, et je recherche avec plaisir les occasions qui me mettent en contact avec ce grand et généreux peuple qui m'a élu ; car, chaque jour me le prouve, mes amis les plus sincères, les plus dévoués ne sont pas dans les palais, ils sont sous le chaume ; ils ne sont pas sous les lambris dorés, ils sont dans les ateliers, dans les campagnes.

Je sens, comme disait l'Empereur, que ma fibre répond à la vôtre, que nous avons les mêmes intérêts et les mêmes instincts. Persévérez dans cette voie honnête et laborieuse qui conduit à l'aisance, et que ces livrets que je me plais à vous offrir, comme une faible marque de ma sympathie, vous rappellent le trop court séjour que je fais parmi vous.

Banquet de Saint-Quentin.

Messieurs,

Si j'étais toujours libre d'accomplir ma volonté, je viendrais parmi vous sans faste, sans cérémonie. Je voudrais, inconnu, me mêler à vos travaux comme à vos fêtes, pour mieux juger par moi-même de vos désirs et de vos sentiments. Mais il semble que le sort mette sans cesse une barrière entre vous et moi, et j'ai le regret de n'avoir jamais pu être simple citoyen de mon pays.

J'ai passé, vous le savez, six ans à quelques lieues de cette ville; mais des murs et des fossés me séparaient de vous. Aujourd'hui encore, les devoirs d'une position officielle m'en éloignent. Aussi, est-ce à peine si vous me connaissez, et sans cesse on cherche à dénaturer à vos yeux mes actes comme mes sentiments. Par bonheur, le nom que je porte vous rassure, et vous savez à quels hauts enseignements j'ai puisé mes convictions.

La mission que j'ai à remplir aujourd'hui n'est pas nouvelle; on sait son origine et son but. Lorsque, il y a quarante-huit ans, le premier consul vint en ces lieux inaugurer le canal de Saint-Quentin, comme aujourd'hui je viens inaugurer le chemin de fer, il vous disait :

« Tranquillisez-vous, les orages sont passés. Les « grandes vérités de notre révolution, je les ferai « triompher; mais je réprimerai avec une égale force « les erreurs nouvelles et les préjugés anciens en « ramenant la sécurité, en encourageant toutes les « entreprises utiles. Je ferai naître de nouvelles indus- « tries, enrichir nos champs, améliorer le sort du « peuple. »

Il n'y a qu'à regarder autour de vous pour voir s'il a tenu parole.

Eh bien! encore aujourd'hui, ma tâche est la même, quoique plus facile. De la révolution il faut prendre les bons instincts et combattre hardiment les mauvais.

Il faut enrichir le peuple par toutes les institutions de prévoyance et d'assistance que la raison approuve, et le bien convaincre que l'ordre est la source première de toute prospérité.

Mais l'ordre, pour moi, n'est pas un mot vide de sens, que tout le monde interprète à sa façon. Pour moi l'ordre, c'est le maintien de ce qui a été librement élu et consenti par le peuple, c'est la volonté nationale de toutes les factions.

Courage donc, habitants de Saint-Quentin! Continuez à faire honneur à notre nation par vos produits industriels. Croyez à mes efforts et à ceux du Gouvernement pour protéger vos entreprises et pour améliorer le sort des travailleurs.

Banquet de La Fère.

Messieurs,

C'est avec bonheur qu'avant de quitter le département de l'Aisne, où j'ai passé avec vous de si heureux instants, je viens encore vous remercier de l'accueil empressé que j'y ai reçu. Je m'efforcerai de le reconnaître en travaillant à féconder les sources de sa richesse.

Cette tâche me sera facile. Ce département, en effet, renferme tous les éléments de prospérité qu'un cœur français peut désirer. Ces éléments, j'en ai la conviction, ne cesseront de s'accroître.

J'ai visité hier une ville illustre par son industrie et par son commerce; aujourd'hui je visite une autre ville qui s'est toujours distinguée par son excellent esprit militaire.

La religion cherche à propager la foi en honorant ses martyrs. Eh bien! nous aussi, nous propagerons les traditions de patriotisme et de gloire dans les villes qui comme celle-ci gardent comme un dépôt sacré l'esprit militaire.

C'est pour cela que je porte un toast à la ville de La

Fère, où sont toujours restés en honneur les souvenirs de ceux qui sont morts pour la patrie et qui servent d'exemple aux vivants. À la ville de La Fère, où se forment ce sentiment national et cet esprit militaire, toujours chers aux cœurs vraiment patriotiques !

À la ville de La Fère !

Voyage de Lyon.

Le 13 AOUT, visite au monument de Fixin.

Réponse à M. Noisot, qui lui demandait la grâce de M. Guinard.

Quand je suis venu, guidé par un sentiment pieux, visiter le monument érigé au martyr de Sainte-Hélène, je voulais rendre hommage au dévouement respectueux qui en avait conçu le projet et surtout à la pensée qui l'avait placé au sein de cette Bourgogne qui a montré tant d'héroïsme, en 1814, pour la défense de l'Empereur, ou plutôt pour la défense des droits du peuple français, des droits de tous les peuples dont il fut jusqu'au bout le champion fidèle.

Je ne m'attendais pas, je l'avoue, qu'en un tel lieu, qu'en un tel moment, il me serait adressé un reproche, et lequel ! un reproche au sujet d'un acte qu'on me demande, sans songer qu'il m'est interdit par la Constitution de l'accomplir. On ne le sait donc pas : les prisonniers qu'un arrêt de la haute Cour a envoyés à Doullens n'en peuvent sortir que par une décision de l'Assemblée ; et moi, à leur égard comme à l'égard de tous, petits et grands, innocents ou coupables, je n'ai qu'un rôle à remplir : c'est d'assurer, dans l'intérêt de la société, l'exécution de la loi envers ceux qu'elle condamne, comme j'ai juré d'assurer sa protection à tous les membres de la nation. N'ai-je pas tenu fidèlement mon serment ? La loi n'est-elle pas souveraine et respectée ? Ne venez donc pas me demander pourquoi je n'ai pas fait ce que je ne pouvais faire sans la violer. Que l'Assemblée prononce, et je saurai faire exécuter et respecter sa décision.

— Banquet de Dijon.

Je remercie monsieur le maire de la ville de Dijon des paroles qu'il m'a adressées et de l'accueil bienveillant que j'ai reçu. Les acclamations dont j'ai été l'objet me le prouvent. Le fleuve révolutionnaire tend à rentrer dans son lit, et la population de cette contrée, naguère si agitée, apprécie nos communs efforts pour rétablir l'ordre. Les gouvernements qui succèdent à des révolutions ont une tâche ingrate : celle de réprimer d'abord pour améliorer plus tard, de faire tomber des illusions et de remplacer, par le langage d'une raison froide, les accents désordonnés de la passion. Aussi, bien des popularités se sont usées dans cette grande et difficile entreprise, et, lorsque je vois mon nom conserver encore de l'influence sur les masses, influence due au chef glorieux de ma famille, je m'en félicite, non pour moi, mais pour vous, pour la France, pour l'Europe.

Je porte un toast à la ville de Dijon.

15 AOUT. — Arrivée à Lyon. — Banquet de l'Hôtel-de-Ville. — Réponse au Maire :

Que la ville de Lyon, dont vous êtes le digne interprète, reçoive l'expression sincère de ma reconnaissance pour l'accueil sympathique qu'elle me fait ; mais, croyez-le bien, je ne suis pas venu dans ces contrées, où l'Empereur, mon oncle, a laissé de si profondes traces, afin de recueillir seulement des ovations et passer des revues : le but de mon voyage est, par ma présence, d'encourager les bons, de ramener les esprits égarés, de juger par moi-même des sentiments et des besoins du pays. La tâche que j'ai à accomplir exige votre concours, et, pour que ce concours me soit complétement acquis, je dois vous dire avec franchise ce que je suis et ce que je veux.

Je suis, non pas le représentant d'un parti, mais le représentant des deux grandes manifestations nationales qui, en 1804 comme en 1848, ont voulu sauver par l'ordre les grands principes de la révolution française. Fier de mon origine et de mon drapeau, je leur resterai fidèle; je serai tout entier au pays, quelque chose qu'il exige de moi, *abnégation* ou *persévérance*.

Des bruits de coup dE'tat sont peut-être venus jusqu'à vous, Messieurs; mais vous n'y avez pas ajouté foi, je vous en remercie : les surprises et les usurpations peuvent être le rêve des partis sans appui dans la nation; mais l'élu de six millions de suffrages exécute les volontés du peuple, il ne les trahit pas. Le patriotisme, je le répète, peut consister dans l'abnégation, comme dans la persévérance.

Devant un danger général, toute ambition personnelle doit disparaître; en cela, le patriotisme se reconnaît, comme on reconnaît la maternité dans un jugement célèbre. Vous vous souvenez de ces deux femmes réclamant le même enfant; à quel signe reconnaît-on les entrailles de la véritable mère? au renoncement à ses droits que lui arrache le péril d'une tête chérie. Que les partis qui aiment la France n'oublient pas cette sublime leçon; moi-même, s'il le faut, je m'en souviendrai. Mais, d'un autre côté, si des prétentions coupables se ranimaient et menaçaient de compromettre le repos de la France, je saurais les réduire à l'impuissance en invoquant encore la souveraineté du peuple, car je ne reconnais à personne le droit de se dire son représentant plus que moi.

Ces sentiments, vous devez les comprendre, car tout

ce qui est noble, généreux, sincère, trouve de l'écho parmi les Lyonnais ; votre histoire en offre d'immortels exemples. Considérez donc mes paroles comme une preuve de ma confiance et de mon estime.

Permettez-moi de porter un toast à la ville de Lyon !

16 AOUT. — Banquet du Jardin-d'hiver (Lyon). Réponse au bâtonnier de l'ordre des avocats :

Messieurs,

Vous saviez que je ne pouvais rester longtemps dans vos murs, et vous avez eu la pensée de réunir ce matin, autour de moi, le plus de représentants possibe des divers éléments qui contribuent à la prospérité lyonnaise. Je vous en remercie ; car je suis heureux de toutes les occasions de me mettre en contact avec le peuple qui m'a élu.

En nous rencontrant souvent, nous pourrons réciproquement connaître nos sentiments, nos idées, et apprendre ainsi à compter les uns sur les autres. Quand on se voit, en effet, bien des voiles tombent, bien des préventions se dissipent.

De loin, je pouvais croire la population lyonnaise animée de cet esprit de vertige qui enfante tant de troubles et presque en hostilité avec le pouvoir. Ici, je l'ai trouvée calme, laborieuse, sympathique à l'autorité que je représente. De votre côté, vous vous attendiez peut-être à rencontrer en moi un homme avide d'honneurs et de puissance, et vous voyez au milieu de vous un ami, un homme uniquement dévoué à son devoir et aux grands intérêts de la patrie.

16 AOUT. — Inauguration de la caisse de secours mutuels et de retraite pour les ouvriers en soie :

Messieurs,

L'institution que vous m'avez invité à inaugurer est

une de celles qui doivent avoir les effets les plus salutaires sur le sort des classes laborieuses. Je ne puis croire qu'il y ait des hommes assez pervers pour prêcher le mal en connaissance de cause ; mais lorsque les esprits sont exaltés par des bouleversements sociaux, on inculque au peuple des idées pernicieuses qui engendrent la misère. L'ignorance est la cause de ces utopies. En effet, les systèmes les plus séduisants en apparence sont trop souvent inapplicables ; l'empire de la raison est insuffisant pour détruire les fausses doctrines. C'est par l'application des améliorations pratiques qu'on les combat le plus efficacement.

Les sociétés de secours mutuels, telles que je les comprends, ont le précieux avantage de réunir les différentes classes de la société, de faire cesser les jalousies qui peuvent exister entre elles, de neutraliser en grande partie le résultat de la misère, en faisant concourir le riche, volontairement, par le superflu de sa fortune, et le travailleur, par le produit de ses économies, à une institution où l'ouvrier laborieux trouve toujours conseil et appui.

On donne ainsi aux différentes communautés un but d'émulation, on réconcilie les classes et on moralise les individus. C'est donc ma ferme intention de faire tous mes efforts pour répandre sur la surface de la France des sociétés de secours mutuels ; car, à mes yeux, ces institutions, une fois établies partout, seraient le meilleur moyen, non de résoudre des problèmes insolubles, mais de secourir les véritables souffrances, en stimulant également et la probité dans le travail et la charité dans l'opulence. Je suis heureux de commencer par celle de Lyon, où les idées philanthropiques ont un si grand retentissement ; je souhaite à votre société la prospérité dont elle est digne, et je remercie ses fondateurs, qui ont si bien mérité de leurs concitoyens.

Puis, en signant, avec les ministres présents et les membres du conseil d'administration, le procès-verbal de la séance, le chef de l'État inscrit de sa main, au registre des délibérations, les mots suivants :

« *Plus de pauvreté pour l'ouvrier malade, ni pour celui que l'âge condamne au repos,* »

Signé : LOUIS-NAPOLÉON BONAPARTE.

16 AOUT.—Banquet à l'Hôtel-de-Ville, offert par la chambre de commerce.

Réponse au président de la chambre de commerce de Lyon :

Je remercie le commerce et l'industrie de Lyon des félicitations qu'ils m'adressent, et je donne mon entière sympathie aux vœux qu'ils expriment : rétablir l'ordre et la confiance, maintenir la paix, terminer le plus promptement possible nos grandes lignes de chemins de fer, protéger notre industrie, et développer l'échange de nos produits par un système commercial progressivement libéral ; tel a été et tel sera le but constant de mes efforts.

Si des résultats plus décisifs n'ont pas été obtenus, la faute, vous le savez, n'en est pas à mon gouvernement ; mais, espérons-le, Messieurs, plus vite notre pays rentrera dans les voies régulières, plus sûrement sa prospérité renaîtra ; car, il est bon de le répéter, les intérêts matériels ne grandissent que par la bonne direction des intérêts moraux. C'est l'âme qui conduit le corps. Aussi, se tromperait-il d'une étrange manière, le gouvernement qui baserait sa politique sur l'avarice, l'égoïsme et la peur !

C'est en protégeant libéralement les diverses branches de la richesse publique ; c'est, à l'étranger, en défendant hardiment nos alliés ; c'est en portant haut le drapeau de la France qu'on procurera au pays agricole, commercial, industriel, le plus de bénéfices ; car ce système aura l'honneur pour base, et l'honneur est toujours le meilleur guide.

A la veille de vous faire mes adieux, laissez-moi vous rappeler des paroles célèbres. Non... je m'arrête... il y aurait de ma part trop d'orgueil à vous dire, comme l'Empereur : « Lyonnais, je vous aime! » Mais permettez-moi de vous dire du fond de mon cœur : « Lyonnais, aimez-moi! »

Voyage de Strasbourg.

22 AOUT. — Au banquet offert par le commerce et l'industrie.

Messieurs, recevez mes remercîments pour la franche cordialité avec laquelle vous m'accueillez parmi vous. La meilleure manière de me fêter, c'est de me promettre, comme vous venez de le faire, votre appui dans la lutte engagée entre les utopies et les réformes utiles.

Avant mon départ, on voulait me détourner d'un voyage en Alsace. On me répétait : Vous y serez mal venu. Cette contrée, pervertie par des émissaires étrangers, ne connaît plus ces nobles mots d'honneur et de patrie que votre nom rappelle, et qui ont fait vibrer le cœur de ses habitants pendant quarante années. Esclaves, sans s'en douter, d'hommes qui abusent de leur crédulité, les Alsaciens se refuseront à voir dans l'élu de la nation le représentant légitime de tous les droits et de tous les intérêts!

Et moi je me suis dit : Je dois aller partout où il y a des illusions dangereuses à dissiper et de bons citoyens à raffermir.

On calomnie la vieille Alsace, cette terre des souvenirs glorieux et des sentiments patriotiques; j'y trouverai, j'en suis assuré, des cœurs qui comprendront ma mission et mon dévouement au pays.

Quelques mois, en effet, ne font pas d'un peuple profondément imbu des vertus solides du soldat et du laboureur un peuple ennemi de la religion, de l'ordre et de la propriété.

D'ailleurs, Messieurs, pourquoi aurais-je été mal reçu?

En quoi aurais-je démérité de votre confiance?

Placé par le vote presque unanime de la France à la tête d'un pouvoir légalement restreint, mais immense par l'influence morale de son origine, ai-je été séduit par la pensée, par les conseils d'attaquer une Constitution faite pourtant, personne ne l'ignore, en grande partie contre moi?

Non; j'ai respecté et je respecterai la souveraineté du peuple, même dans ce que son expression peut avoir eu de faussé ou d'hostile.

Si j'en ai agi ainsi, c'est que le titre que j'ambitionne le plus est celui d'honnête homme.

Je ne connais rien au-dessus du devoir.

Je suis donc heureux, Strasbourgeois, de penser qu'il y a communauté de sentiments entre vous et moi. Comme moi, vous voulez notre patrie grande, forte, respectée; comme vous, je veux l'Alsace reprenant son ancien rang, redevenant ce qu'elle a été durant tant d'années, l'une des provinces les plus renommées, choisissant les citoyens les plus dignes pour la représenter, et ayant pour l'illustrer les guerriers les plus vaillants.

A l'Alsace! à la ville de Strasbourg!

24 AOUT.—Visite et banquet aux salines de Dieuze.

Je suis touché et je remercie M. de Grimaldi de cette fête industrielle, mais je n'en suis pas surpris. Je m'attendais bien qu'un ancien ami de ma famille me réserverait et des paroles flatteuses et une noble hospitalité. Mais il a bien mieux fait que cela : à la tête d'une population ouvrière, digne d'intérêt à tant d'égards, il a su l'entretenir dans le goût du travail, la préserver de ces atteintes si funestes ailleurs, et, lorsque tant d'autres s'égaraient, la maintenir dans l'ordre et le devoir. Voilà le service important qu'il a rendu à Dieuze, et dont il me permettra, avant tout, de le féliciter.

28 AOUT.—Reims.

Le Président a répondu qu'il appréciait les vœux formés pour son bonheur et pour la prospérité de la France; qu'il connaissait le dévouement du clergé dont la direction était confiée à l'éminent prélat qui lui adressait la parole; qu'il aimait à recevoir de sa bouche l'assurance de l'accord parfait qui existait entre lui et l'autorité civile; enfin, que l'accomplissement de la haute mission qui lui avait été confiée par le vœu national serait facile avec le concours des pouvoirs civils et religieux.

Il a ajouté :

Sous l'égide des sentiments que vous m'exprimez au nom de tout le clergé que vous savez si bien diriger, j'ai la conviction de tout le bien que vous pouvez faire en inspirant à tous, en leur faisant aimer les grands principes d'union et de conciliation, aujourd'hui si désirables pour affermir l'ordre et l'autorité dans ce pays.

Je me félicite d'avoir à vous annoncer que je vous ai proposé un des premiers au choix du Saint-Siége pour la dignité de cardinal. Je suis heureux de vous donner, en cette circonstance, un témoignage tout particulier de mon affection.

Au banquet de l'archevêché, le Président répond en ces termes au toast du maire de Reims :

Messieurs,

L'accueil que je reçois à Reims, au terme de mon voyage, vient confirmer ce que j'ai vu par moi-même dans toute la France, et ce dont je n'avais pas douté : notre pays ne veut que l'ordre, la religion et une sage liberté. Partout, j'ai pu m'en convaincre, le nombre des agitateurs est infiniment petit, et le nombre des bons citoyens infiniment grand. Dieu veuille qu'ils ne se divisent pas! C'est pourquoi, en me retrouvant aujourd'hui dans cette antique cité de Reims, où les rois qui représentaient aussi les intérêts de la nation sont venus se faire sacrer, je voudrais que nous pussions y couronner non plus un homme, mais une idée : l'idée d'union et de conciliation, dont le tromphe ramènerait le repos dans notre patrie déjà si grande par ses richesses, ses vertus et sa foi.

Faire des vœux pour la prospérité publique, c'est en faire pour la ville de Reims, dont la position industrielle est d'une si haute importance.

Voyage de Cherbourg.

4 SEPTEMBRE.—Séjour à Caen.

Banquet du Musée. — Réponse au toast et au discours de M. Thomine-Desmazures :

Messieurs,

L'accueil si bienveillant, si sympathique, je dirai presque enthousiaste, que je reçois à l'est comme à l'ouest de la France, me touche profondément, mais je ne m'en enorgueillis pas. Je m'en attribue la plus faible partie. Ce qu'on acclame en moi, c'est le représentant de l'ordre et d'un meilleur avenir.

Quand je traverse vos populations, entouré d'hommes qui méritent votre estime et votre confiance, je suis heureux d'entendre dire : Les mauvais jours sont passés ; nous en attendons de meilleurs.

Aussi, lorsque partout la prospérité semble renaître, il serait bien coupable celui qui tenterait d'en arrêter l'essor par le changement de ce qui existe aujourd'hui, quelque imparfait que ce puisse être.

De même, si des jours orageux devaient reparaître et que le peuple voulût imposer un nouveau fardeau au chef du Gouvernement, ce chef, à son tour, serait bien coupable de déserter cette haute mission.

Mais n'anticipons pas tant sur l'avenir. Tâchons maintenant de régler les affaires du pays, accomplissons chacun notre devoir : Dieu fera le reste.

Je porte un toast à la ville de Caen?

5 SEPTEMBRE.—Arrivée à Cherbourg.

Le 6, réponse à M. de Tocqueville.

Messieurs,

C'est un grand plaisir pour moi de recevoir le conseil général de la Manche et de trouver à sa tête, comme interprète de ses sentiments, un homme auquel j'ai voué depuis longtemps une haute estime et de l'amitié. Les désirs qu'il m'exprime, vous ne pouvez pas en douter, m'intéressent à un haut degré ; car l'œuvre de Cherbourg fait honneur et à la France et au génie de celui qui l'a conçue. Je sais aussi combien serait avantageux à nos intérêts commerciaux et politiques le chemin de fer dont vous me parlez, et je donnerai tout le concours qui dépendra de moi à son exécution. Mais il faut aussi que les représentants qui m'entourent me secondent de leurs efforts et de leur influence à l'Assemblée nationale.

Aux membres du tribunal et de la chambre de commerce :

J'entends avec satisfaction les représentants du commerce de Cherbourg attribuer l'amélioration des affaires à la marche suivie par mon Gouvernement. Sans doute, la voie nouvelle de communication que vous réclamez lui donnerait un plus grand développement; mais, ainsi que je l'ai dit au conseil général, l'exécution ne dépend pas de moi seul. Si elle entre dans mes désirs sincères, pour les réaliser il me faut, ne l'oubliez pas, le concours des efforts auxquels je viens de faire un appel.

Le même jour. — Banquet de la ville ; réponse au maire de Cherbourg.

Messieurs,

Plus je parcours la France et plus je m'aperçois qu'on attend beaucoup du Gouvernement. Je ne traverse pas un département, une ville, un hameau, sans que les maires, les conseillers généraux et même les représentants me demandent, ici, des voies de communication, telles que canaux, chemins de fer; là, l'achèvement de travaux entrepris; partout enfin, des mesures qui puissent remédier aux souffrances de l'agriculture, donner de la vie à l'industrie et au commerce.

Rien n'est plus naturel que la manifestation de ces vœux : elle ne frappe pas, croyez-le bien, une oreille inattentive; mais, à son tour, je dois vous dire : Ces résultats tant désirés ne s'obtiendront que si vous me donnez le moyen de les accomplir, et ce moyen est tout entier dans votre concours à fortifier le pouvoir et à écarter les dangers de l'avenir !

Pourquoi l'Empereur, malgré la guerre, a-t-il couvert la France de ces travaux impérissables qu'on retrouve à chaque pas, et nulle part plus remarquable qu'ici? C'est qu'indépendamment de son génie, il vint à une époque où la nation, fatiguée de révolutions, lui donna le pouvoir nécessaire pour abattre l'anarchie, combattre les factions et faire triompher, à l'extérieur par la gloire, à l'intérieur par une impulsion vigoureuse, les intérêts généraux du pays.

S'il est une ville en France qui doive être napoléonienne et conservatrice, c'est Cherbourg : napoléonienne par reconnaissance; conservatrice par la saine appréciation de ses véritables intérêts.

Qu'est-ce, en effet, qu'un port créé, comme le vôtre, par de si gigantesques efforts, sinon l'éclatant témoignage de cette unité française poursuivie à travers tant de siècles et de révolutions, unité qui fait de nous une grande nation? Mais une grande nation, ne l'oublions pas, ne se maintient à la hauteur de ses destinées que lorsque les institutions elles-mêmes sont d'accord avec les exigences de la situation politique et de ses intérêts matériels. Les habitants de la Normandie savent apprécier de semblables intérêts et m'en ont donné la preuve, et c'est avec orgueil que je porte aujourd'hui un toast à la ville de Cherbourg.

Je porte ce toast :

En présence de cette flotte qui a porté si noblement en Orient le pavillon français, et qui est prête à le porter avec gloire partout où l'honneur national l'exigerait;

En présence de ces étrangers aujourd'hui nos hôtes. Ils peuvent se convaincre que si nous voulons la paix ce n'est pas par faiblesse... mais par cette communauté d'intérêts et par ces sentiments d'estime mutuelle qui lient entre elles les deux nations les plus civilisées.

Au port de Cherbourg!

Le 12 septembre, visite au haras de la Tour-du-Pin. Réponse à M. de Charencey, président du conseil général de l'Orne.

Messsieurs,

Il faudrait être préparé pour répondre aux paroles éloquentes de M. de Charencey, votre honorable président, et j'étais venu visiter le haras du Pin uniquement dans le but de constater l'importance de cet établissement renommé, examiner les produits, apprécier par moi-même les services qu'en peut attendre la cavalerie française. J'ai été frappé de la beauté des résultats obtenus sous une habile direction; mais je n'en éprouve pas moins une satisfaction bien vive à me trouver au milieu des membres d'un conseil général qui s'occupe avec un zèle si éclairé des intérêts de ce département. Je me rappelle aussi le nombre considérable des votes que l'Orne m'a donnés à l'époque de mon élection; ce que vous venez de m'adresser de flatteur semble la confirmer en quelque sorte. Ce département a donc des droits particuliers à ma reconnaissance et à une affection sincère.

Le voyage de 1850 tiendra une grande place dans la vie de Louis-Napoléon Bonaparte. On en comprendra la portée, en se rendant un compte exact de l'état des esprits à cette époque.

La journée du 13 juin fut une rude leçon pour les démagogues. L'état-major sonna la charge, l'armée fit défaut. Les tribuns durent voir qu'il y avait loin des promesses des clubs aux grandes luttes de la rue et qu'il ne dépendait plus d'eux de fixer un jour de bataille. La population ouvrière de Paris tendait tous les jours à se soustraire à leur influence, elle échappait à leur direction, et si elle les suivait encore dans les luttes électorales, sa sympathie n'allait pas plus loin. Les désastres de juin, les chômages, les épreuves de la misère, les mille désillusions de deux années de trouble, toutes ces causes agissaient fortement sur le moral des ouvriers, éclairés sur la valeur de leurs anciens chefs, se méfiant d'eux; tristes et mécontents ils ne se ralliaient pas encore à la cause de l'ordre, — un parti ne se licencie pas en un jour, — mais ils n'appartenaient déjà plus aveuglément au parti révolutionnaire, et l'on peut dire que le prolétariat parisien avait désarmé.

Il n'en était pas ainsi dans les provinces, où vivait encore l'agitation de Février. Ruiné, déconsidéré à Paris, le parti démagogique présentait une organisation redoutable dans les départements de l'Est, du Centre et du Midi. Toutes les utopies déjà vieillies, discréditées à Paris, avaient encore en province tout l'attrait de la nouveauté. Elles étaient acceptées, les yeux fermés, sans trop de réflexion, par les paysans et les ouvriers qui ne se passionnaient guère pour les questions d'idées, mais se préoccupaient avant tout des crises de l'industrie et des charges de l'agriculture. La pression des sociétés secrètes, l'activité fiévreuse des ambitieux de la petite bourgeoisie qui s'étaient fait les vulgarisateurs de théories, de doctrines dont ils ignoraient même les premiers éléments, l'inertie des conservateurs, la faiblesse, les concessions des magistrats municipaux inquiets pour leur popularité de clocher, tout servait la propagande anarchique dans des pays laissés en quelque sorte sans défense, où l'action du pouvoir central était trop affaiblie. Tous les jours le mal était plus profond, la démoralisation plus active.

Louis-Napoléon comprit la gravité de cette situation.

A Saint-Quentin, il affirme hautement sa mission, et proclame la souveraineté de la volonté nationale. C'est là son entrée en campagne. De là, il marche droit au péril, il se porte au cœur du danger dans les provinces les plus hostiles, la Bourgogne, le Lyonnais, l'Alsace.—Comme l'Empereur qui marchait sur les capitales, il attaque hardiment ces foyers de la guerre sociale, il évoque les glorieux souvenirs de la lutte de 1815, combattant ainsi l'utopie par un appel aux sentiments patriotiques, portant partout le témoignage d'une vraie sympathie pour les classes ouvrières.

On peut mesurer aujourd'hui la bonne influence de ces entretiens populaires. Dans la jacquerie de 1852, ces provinces si dangereuses ont été les plus pacifiques. Le Président avait fait d'avance une heureuse diversion : on l'avait vu de près, les préjugés de la haine étaient tombés. Le courageux voyage de 1850 a sauvé ces départements de la guerre civile.

CHAPITRE VI.

Discours de Paris.—1850.

Discours aux cardinaux.—Du 10 décembre, à M. Berger.—Du 18 décembre, à M. Dupin.

---

25 OCTOBRE.—Remise des barrettes aux trois nouveaux cardinaux nommés par le Pape, les archevêques de Toulouse, de Reims et de Besançon.

Réponse à Mgr. Gousset, archevêque de Reims.

J'entends le mot de remercîment; vous ne m'en devez aucun : ce n'est pas moi qui vous ai proposé, ce sont vos talents et vos vertus qui vous ont élevé à cette nouvelle dignité; c'est le clergé de France et le Saint-Père qui vous ont nommé. Monseigneur, ne m'oubliez pas dans vos prières.

Réponse à l'allocution de l'ablégat :

Je remercie Votre Excellence des sentiments qu'elle m'exprime au nom du Saint-Père, et j'ai vu avec une extrême satisfaction Sa Sainteté accorder trois chapeaux de cardinal à la France. C'est une preuve nouvelle de la sympathie du Souverain Pontife pour notre nation, et de son estime particulière pour le clergé français, ce clergé toujours si distingué par son mérite, ses vertus et son dévouement aux grands principes sur lesquels repose la religion catholique.

Je tenais à honneur de présider une cérémonie où le pouvoir spirituel se montre d'un accord parfait avec le pouvoir temporel, en élevant à cette haute dignité de l'Église trois prélats que leurs éminents services dans l'épiscopat avaient désignés à mon choix. L'âge et la maladie retiennent l'un d'eux loin de cette enceinte et le dérobent à nos félicitations. J'en éprouve un vif regret.

Vous voulez bien me faire part des vœux ardents par lesquels Sa Sainteté appelle la protection du ciel sur la France et sur mon Gouvernement : je suis heureux de cette occasion solennelle d'en manifester ma reconnaissance, et je prie Votre Excellence de déposer aux pieds du chef de l'Église l'hommage sincère de ma vénération.

10 DÉCEMBRE. — Banquet de l'Hôtel-de-Ville.

Messieurs,

Fêter l'anniversaire de mon élection à l'Hôtel-de-Ville, dans ce palais du peuple de Paris, c'est me rappeler l'origine de mon pouvoir et les devoirs que cette origine m'impose. Me dire que la France a vu, depuis deux ans, sa prospérité s'accroître, c'est m'adresser l'éloge qui me touche le plus. Aujourd'hui, je le reconnais avec bonheur, le calme est revenu dans les esprits ; les dangers qui existaient, il y a deux années, ont disparu, et, malgré l'incertitude des choses, on compte sur l'avenir, parce qu'on sait que, si des modifications doivent avoir lieu, elles s'accompliront sans trouble.

A quoi devons-nous d'avoir substitué l'ordre au désordre, l'espérance au découragement? Ce n'est pas parce que, fils et neveu de soldat, j'ai moi-même remplacé un autre soldat; mais parce qu'au 10 décembre, pour la première fois depuis février, le pouvoir a surgi de l'exercice d'un droit légitime et non d'un fait révolutionnaire.

J'aime à profiter de ces anniversaires, qui sont des jalons à l'aide desquels se mesure la marche des événements, pour constater les causes qui fortifient ou affaiblissent les gouvernements. Les grandes vérités sanctionnées par l'histoire des peuples sont toujours utiles à proclamer. Les gouvernements qui, après de longs troubles civils, sont parvenus à rétablir le pouvoir et la liberté, et à prévenir des bouleversements nouveaux, ont, tout en domptant l'esprit révolutionnaire, puisé leur force dans le droit né de la révolution même. Ceux-là, au contraire, ont été impuissants qui sont allés chercher ce droit dans la contre-révolution. Si quelque bien s'est fait depuis deux ans, il faut donc en savoir gré surtout à ce principe d'élection populaire, qui a fait sortir du conflit des ambitions un droit réel et incontestable.

Disons-le donc hautement, ce sont les grands principes, les nobles passions, telles que la loyauté et le désintéressement qui sauvent les sociétés, et non les spéculations de la force et du hasard. Grâce à l'application de cette politique, nous goûtons quelque repos, et aussi pouvons-nous cette année, mieux que par le passé, réaliser des progrès.

Le conseil municipal de Paris a raison de compter sur le Gouvernement pour tout ce qui pourra rendre plus prospère la situation de Paris, car Paris est le cœur de la France, et toutes les améliorations utiles qu'on y adopte contribuent puissamment au bien-être général.

Acceptez donc, Messieurs, avec mes remercîments, un toast à la ville de Paris. Mettons tous nos efforts à embellir cette grande cité, à améliorer le sort de ses habitants, à les éclairer sur leurs véritables intérêts. Ouvrons des rues nouvelles, assainissons les quartiers populeux qui manquent d'air et de jour, et que la lumière bienfaisante du soleil pénètre partout dans nos murs, comme la lumière de la vérité dans nos cœurs.

A la ville de Paris!

18 DÉCEMBRE. — Banquet offert à l'occasion de l'anniversaire de l'élection de Louis-Napoléon, par le président de l'Assemblée législative.

Monsieur le Président,

Je vous rends grâce de m'avoir une seconde fois procuré le plaisir de fêter l'anniversaire de mon élection au milieu des représentants de la France et des membres du corps diplomatique. C'est encore une occasion solennelle de nous féliciter ensemble du repos dont jouit le pays.

Mais ce repos a aussi son danger. Les périls réunissent, la sécurité divise. Le bien ne peut-il donc se produire sans porter en soi un germe de dissolution? Rien ne serait plus digne des pouvoirs publics que de donner l'exemple du contraire. Puisse donc notre union continuer dans le calme, comme elle s'était formée pendant la tempête!

A la concorde des pouvoirs publics! A l'Assemblée nationale! A son honorable président!

Dans les intervalles des luttes parlementaires, le Président s'empresse de témoigner tout l'intérêt que lui inspire le clergé français. « *Ce clergé toujours si distingué par son mérite, ses vertus et son dévouement aux grands principes sur lesquels repose la religion catholique.* » Aux époques de foi, le religieux roi Saint-Louis se fût-il exprimé autrement que Louis-Bonaparte?... « *C'est le clergé de France et le Saint-Père qui ont choisi l'Archevêque de Reims.* » Le Président s'efface dans cette circonstance où il reconnait que ce sont des droits acquis, et l'amour du juste, du bien, et de la religion qui a prononcé. C'est un acte de déférence envers le chef suprême du catholicisme, qu'il aime et qu'il révère!... C'est ainsi que l'on combat la Révolution. Le pays tout entier suivra le Prince dans cette voie : qui oserait le nier? La France ne répudiera jamais les saintes croyances de ses pères! Si parfois elle est inconséquente, inconstante et sceptique, au fond elle est sérieusement religieuse, et le culte de la *déesse raison* est pour elle une lettre morte!...

Ce chapitre marque un temps de repos, une sorte de halte dans la vie si agitée de ces dernières années.

Les affaires renaissent, les partis semblent se rapprocher; on pourrait croire à une sorte de réconciliation. Une phrase cependant nous frappe dans les discours prononcés à cette époque par le Prince-Président; on voit bien qu'il ne se fait pas illusion :

« Le repos, dit-il, a aussi son danger. LES PÉRILS RÉUNISSENT, LA SÉCURITÉ DIVISE »

C'est là le pressentiment des luttes qui vont s'engager. L'anarchie vaincue dans la rue le 13 juin, va bientôt reparaître dans le parlement. Déjà il est facile de constater tous les germes de dissolution que contient la majorité, et c'est avec raison que l'on peut dire que le jour n'est pas loin où les éléments hétérogènes dont elle se compose se heurteront les uns contre les autres. Qu'importe à certains membres de cette majorité insoucieux de tout, excepté de leurs intérêts privés, si dans le choc et le conflit des passions qui les poussent ils compromettent la cause de l'ordre dont ils se disent bien haut les seuls soutiens!...

Heureusement qu'une main plus puissante soutiendra la France qui penche vers les abîmes, et cette main sera bénie un jour par ceux-là mêmes qui, un moment fanatisés par le *droit pur,* auront reconnu que *ce droit* était faussé dans son principe, puisqu'il avait été imaginé sous le nom *de la Constitution* par ces hommes *du National* qui avaient eu la folle pensée d'enchaîner pour l'avenir la volonté du pays.

CHAPITRE VII.

Voyages. — 1851.

Tonnerre et Dijon.—Poitiers.—Châtellerault.—Beauvais.

1er JUIN 1851.—Discours de Dijon. Inauguration du chemin de fer de Lyon entre Tonnerre et Dijon.

Je voudrais que ceux qui doutent de l'avenir m'eussent accompagné à travers les populations de l'Yonne et de la Côte-d'Or; ils se seraient rassurés en jugeant par eux-mêmes de la véritable disposition des esprits. Ils eussent vu que ni les intrigues, ni les attaques, ni les discussions passionnées des partis ne sont en harmonie avec les sentiments et l'état du pays. La France ne veut ni le retour à l'ancien régime, quelle que soit la forme qui le déguise, ni l'essai d'utopies funestes et impraticables. C'est parce que je suis l'adversaire le plus naturel de l'un et de l'autre, qu'elle a placé sa confiance en moi. S'il n'en était pas ainsi, comment expliquer cette touchante sympathie du peuple à mon égard, qui résiste à la polémique la plus dissolvante et m'absout de ses souffrances?

En effet, si mon Gouvernement n'a pas pu réaliser toutes les améliorations qu'il avait en vue, il faut s'en prendre aux manœuvres des factions qui paralysent la bonne volonté des assemblées comme celle des gouvernements les plus dévoués au bien public. C'est parce que vous l'avez compris ainsi, que j'ai trouvé dans la patriotique Bourgogne un accueil qui est pour moi une approbation et un encouragement.

Je profite de ce banquet comme d'une tribune pour ouvrir à mes concitoyens le fond de mon cœur.

Une nouvelle phase de notre ère politique commence. D'un bout de la France à l'autre, des pétitions se signent pour demander la révision de la Constitution. J'attends avec confiance les manifestations du pays et les décisions de l'Assemblée, qui ne seront inspirées que par la seule pensée du bien public.

Depuis que je suis au pouvoir, j'ai prouvé combien, en présence des grands intérêts de la société, je faisais abstraction de ce qui me touche. Les attaques les plus injustes et les plus violentes n'ont pu me faire sortir de mon calme. Quels que soient les devoirs que le pays m'impose, il me trouvera décidé à suivre sa volonté; et, croyez-le bien, Messieurs, la France ne périra pas dans mes mains.

1er JUILLET 1851.—Inauguration de la section de chemin de fer comprise entre Tours et Poitiers.

Monsieur le Maire,

Soyez mon interprète auprès de vos concitoyens pour les remercier de leur accueil si empressé et si cordial.

Comme vous, j'envisage l'avenir du pays sans crainte, car son salut viendra toujours de la volonté du peuple, librement exprimée, religieusement acceptée. (Explosion de bravos.) Aussi j'appelle de tous mes vœux le moment solennel où la voix puissante de la nation dominera toutes les oppositions et mettra d'accord toutes les rivalités (Applaudissements réitérés); car il est bien triste de voir les révolutions ébranler la société, amonceler les ruines, et cependant laisser toujours debout les mêmes passions, les mêmes exigences, les mêmes éléments de trouble. (Nouvelle salve d'applaudissements.)

Quand on parcourt la France et que l'on voit la richesse variée de son sol, les produits merveilleux de son industrie; lorsqu'on admire ses fleuves, ses routes, ses canaux, ses chemins de fer, ses ports que baignent deux mers, on se demande à quel degré de prospérité elle n'atteindrait pas, si une tranquillité durable permettait à ses habitants de concourir de tous leurs moyens à ce bien général, au lieu de se livrer à des discussions intestines. (Applaudissements.)

Lorsque, sous un autre point de vue, on réfléchit à cette unité territoriale que nous ont léguée les efforts persévérants de la royauté, à cette unité politique, judiciaire, administrative et commerciale que nous a léguée la révolution; quand on contemple cette population intelligente et laborieuse animée presque tout entière de la même croyance et parlant le même langage, ce clergé vénérable qui enseigne la morale et la vertu, cette magistrature intègre qui fait respecter la justice, cette armée vaillante et disciplinée qui ne connaît que l'honneur et le devoir (*bravos enthousiastes*); enfin quand on vient à apprécier cette foule d'hommes éminents, capables de guider le Gouvernement, d'illustrer les assemblées aussi bien que les sciences et les arts, on recherche avec anxiété quelles sont les causes qui empêchent cette nation, déjà si grande, d'être plus grande encore, et l'on s'étonne qu'une société qui renferme tant d'éléments de puissance et de prospérité s'expose si souvent à s'abîmer sur elle-même. (Applaudissements. — Cris de : *Vive le Président! vive Louis-Napoléon!*)

Serait-il donc vrai, comme l'Empereur l'a dit, que le vieux monde soit à bout, et que le nouveau ne soit point assis? Sans savoir quel il sera, faisons notre devoir aujourd'hui en lui préparant des fondations solides. (Très-bien! très-bien!)

J'aime à vous adresser ces paroles, dans une province renommée à toutes les époques par son patriotisme. N'oublions pas que votre ville a été, sous Charles VII, le foyer d'une résistance héroïque, qu'elle a été pendant quatorze ans le refuge de la nationalité dans la France envahie. (Applaudissements.) Espérons qu'elle sera encore une des premières à donner l'exemple du dévouement à la civilisation et à la patrie.

Je porte un toast à la ville de Poitiers!

2 JUILLET 1851.—Châtellerault.

Messieurs,

En remerciant M. le maire des paroles affectueuses qu'il m'adresse, je ne puis attribuer à moi seul les heureux résultats qu'il a bien voulu signaler. Depuis trois ans, ma conduite peut se résumer en quelques mots. Je me suis mis résolûment à la tête des hommes d'ordre de tous les partis, et j'ai trouvé en eux un concours efficace et désintéressé. S'il y a eu quelques défections, je l'ignore; car je marche en avant, sans regarder derrière moi. Pour marcher dans des temps comme les nôtres, il faut avoir en effet un mobile et un but. Mon mobile, c'est l'amour du pays; mon but, c'est de faire que la religion et la raison l'emportent sur les utopies, c'est que la bonne cause ne tremble plus devant l'erreur.

Ce résultat sera obtenu, si nous suivons dans toute la France l'exemple de Châtellerault, et si nous forgeons des armes non pour l'émeute et pour la guerre civile, mais pour accroître la force, la grandeur et l'indépendance de la nation.

A la ville de Châtellerault!

6 JUILLET 1851.—Bauvais.—Inauguration de la statue de Jeanne Hachette.

Messieurs,

L'honorable maire de Beauvais me pardonnera de me borner à un simple remercîment pour les paroles flatteuses qu'il vient de m'adresser. En y répondant, je craindrais d'altérer le caractère religieux de cette fête, qui, par la commémoration d'un fait glorieux accompli dans cette ville, offre un haut enseignement historique.

Il est encourageant de penser que, dans les dangers extrêmes, la Providence réserve souvent à un seul d'être l'instrument du salut de tous, et, dans certaines circonstances, elle l'a même choisi au milieu du sexe le plus faible, comme si elle voulait, par la fragilité de l'enveloppe, prouver mieux encore l'empire de l'âme sur les choses humaines, et faire voir qu'une cause ne périt pas lorsqu'elle a pour la conduire une foi ardente, un dévouement inspiré, une conviction profonde.

Ainsi, au quinzième siècle, à peu d'années d'intervalle, deux femmes obscures, mais animées du feu sacré, Jeanne d'Arc et Jeanne Hachette, apparaissent au moment le plus désespéré pour remplir une sainte mission.

L'une a la gloire miraculeuse de délivrer la France du joug étranger;

L'autre inflige la honte d'une retraite à un prince qui, malgré l'éclat et l'étendue de sa puissance, n'était qu'un rebelle, artisan de guerre civile.

Et cependant, à quoi se réduit leur action? Elles ne firent autre chose que de montrer aux Français le chemin de l'honneur et du devoir, et d'y marcher à leur tête.

De semblables exemples doivent être honorés, perpétués. Aussi suis-je heureux de penser que ce soit l'empereur Napoléon qui, en 1806, ait rétabli l'antique usage, longtemps interrompu, de célébrer la levée du siége de Beauvais.

C'est que, pour lui, la France n'était pas un pays factice, né d'hier, renfermé dans les limites étroites d'une seule époque ou d'un seul parti : c'était la nation grande par huit cents ans de monarchie, non moins grande après dix années de révolution ; travaillant à la fusion de tous les intérêts anciens et nouveaux, et adoptant toutes les gloires, sans acception de temps ou de cause.

Nous avons tous hérité de ces sentiments, car je vois ici des représentants de tous les partis ; ils viennent avec moi rendre hommage à la vertu guerrière d'une époque, à l'héroïsme d'une femme.

Portons un toast à la mémoire de Jeanne Hachette.

Pendant que la France se rattache de plus en plus au Président, un travail en sens contraire s'opère dans le monde parlementaire, et c'est ici le cas, ce nous semble, de dire que la permanence des grandes assemblées a pour conséquences inévitables l'intrigue, la coalition, ce qu'en langage vulgaire on caractérise mieux encore par ce mot *tripotage*, emprunté aux basses habitudes des maisons de jeu clandestines. La raison publique aujourd'hui a fait justice des vaines déclamations de tous ces tribuns gourmés dans leur rhétorique inutile, et la Constitution de Louis-Napoléon a mis des entraves infranchissables à un pareil retour du *parlage*.

Oubliant les dangers de la veille, ne se préoccupant pas des périls du lendemain, les meneurs du parlement ne pensent plus qu'à faire tourner à leur profit cette sécurité qu'ils doivent au Président. Ils ne voient pas, que la France relève à grand'peine son crédit, sa fortune si gravement ébranlée par la commotion de février, et tous les jours leurs intrigues compromettent cette sécurité renaissante.

Ils n'aspirent déjà qu'à recommencer les jeux de bascule de la monarchie parlementaire, ils s'amusent à faire et à défaire des coalitions, et s'imaginent pouvoir, comme par le passé, renverser les ministères à l'aide d'ordres du jour motivés, comme si les temps nouveaux n'exigeaient pas un système politique plus rempli d'actions et comme si l'on avait du temps à perdre !...

L'hostilité longtemps latente éclate bientôt; l'esprit de parti se déchaîne avec violence, et finit même par entraîner dans ses rangs des hommes graves de l'Assemblée dont le désir de conciliation est déjà signalé comme une trahison. Nous ne surprendrons personne, en désignant comme le machinateur de ces stratégies souterraines un homme qui a déjà été le mauvais génie d'une monarchie, et qui ne pardonnera jamais à la République de l'avoir mis en disponibilité.

Une position singulière était faite à Louis-Napoléon par ces grands politiques de l'Assemblée, qui affirmaient à tout venant que la popularité du Président était usée. Loin du pays, dans cette salle de *carton* où ils concentrent presque toute leur existence, prenant leurs petites passions envieuses pour les vrais sentiments de la France libre, ils sont frappés de jour en jour d'une déconsidération de plus en plus grande. Ils brûlent d'associer le Président à cette impopularité qui menace de les submerger !...

Faut-il s'étonner que Louis-Napoléon n'ait pas voulu accepter cette solidarité dangereuse et qu'il ait déclaré hardiment qu'il allait élever une tribune populaire pour parler directement au peuple en son propre nom, afin d'être enfin lui-même tout-à-fait libre et responsable!

Le voyage de 1851 (deuxième discours de Dijon, l'un

des épisodes les plus remarquables de la conduite ferme et raisonnée du Président) n'est autre chose que cet acte d'indépendance du pouvoir Exécutif relevant directement du peuple et se retrempant dans le peuple.

Ne sent-on pas à ces coups portés si habilement contre une assemblée bavarde et malveillante (quelque bien qu'elle ait voulu faire au pays), que la crise approche? Le ton des discours a changé, les journaux deviennent aussi insolents que la tribune, il y a entre elle et eux sympathie pour la guerre, et une guerre sans merci... sans raison !...

Le Président ne dissimule rien ; son langage est fier, loyal et décidé ; il relève le gant et combat en plein soleil.

CHAPITRE VIII.

La veille du 2 décembre.

Discours des Halles. — Harangue aux troupes. — Discours du Cirque.—Le 2 décembre : proclamations, etc.

---

11 SEPTEMBRE 1851.—Cérémonie de la pose de la première pierre des Halles.

Messieurs,

Voici quarante ans que l'on songe à élever un vaste monument destiné à préserver de l'intempérie des saisons cette classe nombreuse qui souffre journellement pour alimenter Paris de ce qui est nécessaire à son existence. Mais grâce à la direction éclairée du ministre de l'intérieur, grâce au concours énergique du conseil municipal de Paris et de son digne chef, grâce aux décisions de l'Assemblée nationale, cette œuvre que j'ai tant souhaitée s'accomplit enfin.

La construction de ces halles, véritable bienfait pour l'humanité, facilite l'approvisionnement de Paris, et appelle un grand nombre de départements à y concourir. Ce n'est donc pas une œuvre purement municipale, car Paris est le cœur de la France, et plus sa vie est active et puissante, plus elle se communique au reste du pays.

En posant la première pierre d'un édifice dont la destination est si éminemment populaire, je me livre avec confiance à l'espoir qu'avec l'appui des bons citoyens et avec la protection du ciel, il nous sera donné de jeter dans le sol de la France quelques fondations sur lesquelles s'élèvera un édifice social assez solide pour offrir un abri contre la violence et la mobilité des passions humaines.

9 NOVEMBRE 1851.—Le général Magnan présente le corps d'officiers des régiments nouvellement arrivés à Paris, et le Président les harangue en ces termes :

Messieurs,

En recevant les officiers des divers régiments de l'armée qui se succèdent dans la garnison de Paris, je me félicite de les voir animés de cet esprit militaire qui fit notre gloire, et qui aujourd'hui fait notre sécurité. Je ne vous parlerai donc ni de vos devoirs ni de la discipline. Vos devoirs, vous les avez toujours remplis avec honneur, soit sur la terre d'Afrique, soit sur le sol de la France; et la discipline, vous l'avez toujours maintenue intacte à travers les épreuves les plus difficiles. J'espère que ces épreuves ne reviendront pas; mais si la gravité des circonstances les ramenait et m'obligeait de faire appel à votre dévouement, il ne me faillirait pas, j'en suis sûr, parce que, vous le savez, je ne vous demanderai rien qui ne soit d'accord avec mon droit reconnu par la Constitution, avec l'honneur militaire, avec les intérêts de la patrie ; parce que j'ai mis à votre tête des hommes qui ont toute ma confiance et qui méritent la vôtre ; parce que si jamais le jour du danger arrivait, je ne ferais pas comme les gouvernements qui m'ont précédé, et je ne vous dirais pas : Marchez, je vous suis ; mais je vous dirais : Je marche, suivez moi !

25 NOVEMBRE 1851. — Discours aux exposants Français

revenus de Londres et convoqués dans la salle du Cirque pour recevoir les récompenses nationales.

Messieurs,

Il est des cérémonies qui, par les sentiments qu'elles inspirent et les réflexions qu'elles font naître, ne sont pas un vain spectacle. Je ne puis me défendre d'une certaine émotion et d'un certain orgueil comme Français, en voyant autour de moi les hommes honorables qui, au prix de tant d'efforts et de sacrifices, ont maintenu avec éclat, à l'étranger, la réputation de nos métiers, de nos arts, de nos sciences.

J'ai déjà rendu un juste hommage à la grande pensée qui présida à l'exposition universelle de Londres; mais au moment de couronner vos succès par une récompense nationale, puis-je oublier que tant de merveilles de l'industrie ont été commencées au bruit de l'émeute et achevées au milieu d'une société sans cesse agitée par la crainte du présent, comme par les menaces de l'avenir? et en réfléchissant aux obstacles qu'il vous a fallu vaincre, je me suis dit : *Combien elle serait grande cette nation, si l'on voulait la laisser respirer à l'aise et vivre de sa vie !* (Applaudissements.)

En effet, c'est lorsque le crédit commençait à peine à renaître; c'est lorsqu'une idée infernale poussait sans cesse les travailleurs à tarir les sources même du travail ; c'est lorsque la démence, se parant du manteau de la philanthropie, venait détourner les esprits des occupations régulières, pour les jeter dans les spéculations de l'utopie ; c'est alors que vous avez montré au monde des produits qu'un calme durable semblait seul permettre d'exécuter.

En présence donc de ces résultats inespérés, je dois le répéter, comme elle pourrait être grande, la République française, s'il lui était permis de vaquer à ses véritables affaires et de réformer ses institutions, au lieu d'être sans cesse troublée, d'un côté par les idées démagogiques, et, de l'autre, par les hallucinations monarchiques! (Vifs applaudissements.)

Les idées démagogiques proclament-elles une vérité ? Non. Elles répandent partout l'erreur et le mensonge. L'inquiétude les précède, la déception les suit, et les ressources employées à les réprimer sont autant de pertes pour les améliorations les plus pressantes pour le soulagement de la misère. (Adhésion unanime.)

Quant aux hallucinations monarchiques, sans faire courir les mêmes dangers, elles entravent également tout progrès, tout travail sérieux. On lutte au lieu de marcher. On voit des hommes, jadis ardents promoteurs des prérogatives de l'autorité royale, se faire conventionnels afin de désarmer le pouvoir issu du suffrage populaire. (Applaudissements.) On voit ceux qui ont le plus souffert, le plus gémi des révolutions, en provoquer une nouvelle; et cela dans l'unique but de se soustraire au vœu national et d'empêcher le mouvement qui transforme les sociétés, de suivre un paisible cours. (Bravos prolongés.)

Ces efforts seront vains. Tout ce qui est dans la nécessité des temps doit s'accomplir. L'inutile seul ne saurait revivre. Cette cérémonie est encore une preuve que si certaines institutions tombent sans retour, celles au contraire qui sont conformes aux mœurs, aux idées, aux besoins de l'époque, bravent les attaques de l'envie ou du puritanisme.

Vous tous, fils de cette société régénérée qui détruisit les anciens priviléges, et qui proclame comme principe fondamental l'égalité civile et politique, vous éprouvez néanmoins un juste orgueil à être nommés chevaliers de l'ordre de la Légion d'honneur. C'est que cette institution était, ainsi que toutes celles créées à cette époque, en harmonie avec l'esprit du siècle et les idées du pays. Loin de servir comme d'autres à rendre les démarcations plus tranchées, elle les efface en plaçant sur la même ligne tous les mérites, à quelque profession, à quelque rang de la société qu'ils appartiennent. (Applaudissements.)

Recevez donc ces croix de la Légion-d'Honneur, qui, d'après la grande idée du fondateur, sont faites pour honorer le travail à l'égal de la bravoure et la bravoure à l'égal de la science.

Avant de nous séparer, Messieurs, permettez-moi de vous encourager à de nouveaux travaux. Entreprenez-les sans crainte ; ils empêcheront le chômage cet hiver. Ne redoutez pas l'avenir. La tranquillité sera maintenue quoi qu'il arrive. (Bravos prolongés.) Un gouvernement qui s'appuie sur la masse entière de la nation, qui n'a d'autre mobile que le bien public et qu'anime cette foi ardente qui vous guide sûrement, même à travers un espace où il n'y a pas de route tracée, ce gouvernement, dis-je, saura remplir sa mission, car il a en lui et le droit qui vient du peuple, et la force qui vient de Dieu. (Applaudissements prolongés.)

---

2 DÉCEMBRE 1851. — L'Assemblée législative est dissoute. Le Président adresse les deux proclamations qui suivent au peuple et à l'armée.

PROCLAMATION DU PRÉSIDENT DE LA RÉPUBLIQUE.

Appel au peuple.

Français !

La situation actuelle ne peut durer plus longtemps. Chaque jour qui s'écoule aggrave les dangers du pays.

L'Assemblée, qui devait être le plus ferme appui de l'ordre, est devenue un foyer de complots Le patriotisme de trois cents de ses membres n'a pu arrêter ses fatales tendances. Au lieu de faire des lois dans l'intérêt général, elle forge des armes pour la guerre civile; elle attente au pouvoir que je tiens directement du peuple; elle encourage toutes les mauvaises passions; elle compromet le repos de la France : je l'ai dissoute, et je rends le peuple entier juge entre elle et moi.

La Constitution, vous le savez, avait été faite dans le but d'affaiblir d'avance le pouvoir que vous alliez me confier. Six millions de suffrages furent une éclatante protestation contre elle, et cependant je l'ai fidèlement observée. Les provocations, les calomnies, les outrages m'ont trouvé impassible. Mais aujourd'hui que le pacte fondamental n'est plus respecté de ceux-là mêmes qui l'invoquent sans cesse, et que les hommes qui ont déjà perdu deux monarchies veulent me lier les mains, afin de renverser la République, mon devoir est de déjouer leurs perfides projets, de maintenir la République et de sauver le pays en invoquant le jugement solennel du seul souverain que je reconnaisse en France, le peuple.

Je fais donc un appel loyal à la nation tout entière, et je vous dis : Si vous voulez continuer cet état de malaise qui nous dégrade et compromet notre avenir, choisissez un autre à ma place, car je ne veux plus d'un pouvoir qui est impuissant à faire le bien, me rend responsable d'actes que je ne puis empêcher, et m'enchaîne au gouvernail quand je vois le vaisseau courir vers l'abîme.

Si, au contraire, vous avez encore confiance en moi, donnez-moi les moyens d'accomplir la grande mission que je tiens de vous.

Cette mission consiste à fermer l'ère des révolutions

en satisfaisant les besoins légitimes du peuple et en le protégeant contre les passions subversives. Elle consiste surtout à créer des institutions qui survivent aux hommes et qui soient enfin des fondations sur lesquelles on puisse asseoir quelque chose de durable.

Persuadé que l'instabilité du pouvoir, que la prépondérance d'une seule assemblée sont des causes permanentes de trouble et de discorde, je soumets à vos suffrages les bases fondamentales suivantes d'une constitution que les assemblées développeront plus tard.

1° Un chef responsable nommé pour dix ans;

2° Des ministres dépendants du pouvoir exécutif seul;

3° Un conseil d'État formé des hommes les plus distingués, préparant les lois et en soutenant la discussion devant le corps législatif;

4° Un corps législatif discutant et votant les lois, nommé par le suffrage universel, sans scrutin de liste qui fausse l'élection;

5° Une seconde assemblée, formée de toutes les illustrations du pays, pouvoir pondérateur, gardien du pacte fondamental et des libertés publiques.

Ce système, créé par le premier consul au commencement du siècle, a déjà donné à la France le repos et la prospérité; il les lui garantirait encore.

Telle est ma conviction profonde. Si vous la partagez, déclarez-le par vos suffrages. Si, au contraire, vous préférez un gouvernement sans force, monarchique ou républicain, emprunté à je ne sais quel passé ou à quel avenir chimérique, répondez négativement.

Ainsi donc, pour la première fois depuis 1804, vous voterez en connaissance de cause, en sachant bien pour qui et pour quoi.

Si je n'obtiens pas la majorité de vos suffrages, alors

je provoquerai la réunion d'une nouvelle assemblée, et je lui remettrai le mandat que j'ai reçu de vous.

Mais si vous croyez que la cause dont mon nom est le symbole, c'est-à-dire la France régénérée par la révolution de 89 et organisée par l'Empereur, est toujours la vôtre, proclamez-le en consacrant les pouvoirs que je demande.

Alors la France et l'Europe seront préservées de l'anarchie, les obstacles s'aplaniront, les rivalités auront disparu, car tous respecteront, dans l'arrêt du peuple, le décret de la Providence.

PROCLAMATION DU PRÉSIDENT DE LA RÉPUBLIQUE A L'ARMÉE.

Soldats!

Soyez fiers de votre mission, vous sauverez la patrie, car je compte sur vous, non pour violer les lois, mais pour faire respecter la première loi du pays, la souveraineté nationale, dont je suis le légitime représentant.

Depuis longtemps vous souffriez comme moi des obstacles qui s'opposaient au bien que je voulais vous faire et aux démonstrations de votre sympathie en ma faveur.

Ces obstacles sont brisés. L'Assemblée a essayé d'attenter à l'autorité que je tiens de la nation entière; elle a cessé d'exister.

Je fais un appel loyal au peuple et à l'armée, et je leur dis : Ou donnez-moi les moyens d'assurer votre prospérité, ou choisissez un autre à ma place.

En 1830 comme en 1848, on vous a traités en vaincus. Après avoir flétri votre désintéressement héroïque, on a dédaigné de consulter vos sympathies et vos vœux, et cependant vous êtes l'élite de la nation. Aujourd'hui, en ce moment solennel, je veux que l'armée fasse entendre sa voix.

Votez donc librement comme citoyens ; mais, comme soldats, n'oubliez pas que l'obéissance passive aux ordres du chef du Gouvernement est le devoir rigoureux de l'armée, depuis le général jusqu'au soldat. C'est à moi, responsable de mes actions devant le peuple et devant la postérité, de prendre les mesures qui me semblent indispensables pour le bien public.

Quant à vous, restez inébranlables dans les règles de la discipline et de l'honneur. Aidez, par votre attitude imposante, le pays à manifester sa volonté dans le calme et la réflexion. Soyez prêts à réprimer toute tentative contre le libre exercice de la souveraineté du peuple.

Soldats, je ne vous parle pas des souvenirs que mon nom rappelle. Ils sont gravés dans vos cœurs. Nous sommes unis par des liens indissolubles. Votre histoire est la mienne. Il y a entre nous dans le passé communauté de gloire et de malheur ; il y aura dans l'avenir communauté de sentiments et de résolutions pour le repos et la grandeur de la France.

5 DÉCEMBRE 1851. — Le Président adresse au ministre de la guerre la lettre suivante.

Mon cher général,

J'avais adopté le mode de votation avec la signature de chaque votant, parce que ce mode, employé autrefois, me semblait mieux assurer la sincérité de l'élection ; mais, cédant à des objections sérieuses et à de justes réclamations, je viens, vous le savez, de rendre un décret qui change la manière de voter.

Les suffrages de l'armée sont presque entièrement donnés, et je suis heureux de penser qu'il s'en trouvera un assez petit nombre contre moi. Cependant, comme les militaires qui ont déposé un vote négatif pourraient craindre qu'il n'exerçât une fâcheuse influence sur leur carrière, il importe de les rassurer.

Veuillez donc bien, sans retard, faire savoir à l'armée que, si le mode d'après lequel elle a voté est différent de celui d'après lequel voteront les autres citoyens, l'effet en sera le même pour elle, c'est-à-dire que je veux ignorer les noms de ceux qui ont voté contre moi.

En conséquence, le relevé des votes une fois terminé et dûment constaté, ordonnez, je vous prie, que les registres soient brûlés.

Agréez, etc.

6 DÉCEMBRE 1851. — Le Président fait une nouvelle proclamation au peuple.

PROCLAMATION DU PRÉSIDENT DE LA RÉPUBLIQUE AU PEUPLE FRANÇAIS.

Français,

Les troubles sont apaisés. Quelle que soit la décision du peuple, la société est sauvée. La première partie de ma tâche est accomplie ; l'appel à la nation, pour terminer les luttes des partis, ne faisait, je le savais, courir aucun risque sérieux à la tranquillité publique.

Pourquoi le peuple se serait-il soulevé contre moi ?

Si je ne possède plus votre confiance, si vos idées ont changé, il n'est pas besoin de faire couler un sang précieux ; il suffit de déposer dans l'urne un vote contraire. Je respecterai toujours l'arrêt du peuple.

Mais, tant que la nation n'aura pas parlé, je ne reculerai devant aucun effort, devant aucun sacrifice pour déjouer les tentatives des factieux. Cette tâche, d'ailleurs, m'est rendue facile.

D'un côté, l'on a vu combien il était insensé de

lutter contre une armée unie par les liens de la discipline, animée par le sentiment de l'honneur militaire et par le dévouement à la patrie.

D'un autre côté, l'attitude calme des habitants de Paris, la réprobation dont ils flétrissaient l'émeute, ont témoigné assez hautement pour qui se prononçait la capitale.

Dans ces quartiers populeux où naguère l'insurrection se recrutait si vite parmi les ouvriers dociles à ses entraînements, l'anarchie, cette fois, n'a pu rencontrer qu'une répugnance profonde pour ces détestables excitations. Grâces en soient rendues à l'intelligente et patriotique population de Paris! Qu'elle se persuade de plus en plus que mon unique ambition est d'assurer le repos et la prospérité de la France.

Qu'elle continue à prêter son concours à l'autorité, et bientôt le pays pourra accomplir, dans le calme, l'acte solennel qui doit inaugurer une ère nouvelle pour la République.

31 DÉCEMBRE 1851.—Le vice-président de la Commission consultative et les membres qui la composent viennent présenter au Président de la République le résultat du travail de recensement des votes émis sur le projet de plébiscite qu'il a proposé le 2 décembre.

M. Baroche, vice-président de la Commission consultative, après avoir donné lecture du procès-verbal du recensement général des votes, duquel il résulte que le projet du plébiscite a été accueilli par 7,439,216 *oui*, contre 640,737 *non*, a continué en ces termes :

Monsieur le Président,

En faisant appel au peuple français, par votre proclamation du 2 décembre, vous avez dit :

« Je ne veux plus d'un pouvoir qui est impuissant « à faire le bien et m'enchaîne au gouvernail quand

« je vois le vaisseau courir vers l'abîme. Si vous avez « confiance en moi, donnez-moi les moyens d'accom- « plir la grande mission que je tiens de vous. »

A cet appel loyal, fait à sa conscience et à sa souveraineté, la nation a répondu par une immense acclamation, par plus de sept millions quatre cent cinquante mille suffrages.

Oui, Prince, la France a confiance en vous! elle a confiance en votre courage, en votre haute raison, en votre amour pour elle! Et le témoignage qu'elle vient de vous en donner est d'autant plus glorieux qu'il est rendu après trois années d'un gouvernement dont il consacre ainsi la sagesse et le patriotisme.

L'élu du 10 décembre 1848 s'est-il montré digne du mandat que le peuple lui avait conféré? A-t-il bien compris la mission qu'il avait reçue?

Qu'on le demande aux sept millions de voix qui viennent de confirmer ce mandat, en y ajoutant une mission et plus grande et plus belle!

Jamais, dans aucun pays, la volonté nationale s'est-elle aussi solennellement manifestée! Jamais gouvernement obtint-il un assentiment pareil, eut-il une base plus large, une origine plus légitime et plus digne du respect des peuples! (Murmures d'approbation.)

Prenez possession, Prince, de ce pouvoir qui vous est si glorieusement déféré.

Usez-en pour développer par de sages institutions les bases fondamentales que le peuple lui-même a consacrées par ses votes.

Rétablissez en France le principe d'autorité, trop ébranlé depuis soixante ans par nos continuelles agitations.

Combattez sans relâche ces [illegible]assions anarchiques qui attaquent la société jus[illegible] fondements.

Ce ne sont plus seu[illegible] thé[illegible]ies odieuses que

vous avez à poursuivre et à réprimer. Elles se sont traduites en faits, en horribles attentats.

Que la France soit enfin délivrée de ces hommes toujours prêts pour le meurtre et le pillage, de ces hommes qui, au dix-neuvième siècle font horreur à la civilisation, et semblent, en réveillant les plus tristes souvenirs, nous reporter à cinq cents ans en arrière. (Vif assentiment.)

Prince, le 2 décembre, vous avez pris pour symbole : *La France régénérée par la révolution de 1789 et organisée par l'Empereur*, c'est-à-dire une liberté sage et bien réglée, une autorité forte et respectée de tous.

Que votre sagesse et votre patriotisme réalisent cette noble pensée. Rendez à ce pays si riche, si plein de vie et d'avenir, les plus grands de tous les biens, l'ordre, la stabilité, la confiance. Comprimez avec énergie l'esprit d'anarchie et de révolte.

Vous aurez ainsi sauvé la France, préservé l'Europe entière d'un immense péril, et ajouté à la gloire de votre nom une vouvelle et impérissable gloire.

Ces paroles sont suivies de marques unanimes et significatives d'approbation.

Voici la réponse du Président :

Messieurs,

La France a répondu à l'appel loyal que je lui avais fait. Elle a compris que je n'étais sorti de la légalité que pour rentrer dans le droit. Plus de sept millions de suffrages viennent de m'absoudre en justifiant un acte qui n'avait d'autre but que d'épargner à la France et à l'Europe peut-être des années de troubles et de malheurs. (Vives marques d'assentiment.)

Je vous remercie d'avoir constaté officiellement combien cette manifestation était nationale et spontanée.

Si je me félicite de cette adhésion, ce n'est pas par

orgueil, mais parce qu'elle me donne la force de parler et d'agir ainsi qu'il convient au chef d'une grande nation comme la nôtre. (Bravos répétés.)

Je comprends toute la grandeur de ma mission nouvelle, je ne m'abuse pas sur ses graves difficultés. Mais, avec un cœur droit, avec le concours de tous les hommes de bien qui ainsi que vous m'éclaireront de leurs lumières et me soutiendront de leur patriotisme, avec le dévouement éprouvé de notre vaillante armée, enfin avec cette protection que demain je prierai solennellement le ciel de m'accorder encore (sensation prolongée), j'espère me rendre digne de la confiance que le peuple continue de mettre en moi. (Vive approbation) J'espère assurer les destinées de la France en fondant des institutions qui répondent à la fois aux instincts démocratiques de la nation, et à ce désir exprimé universellement d'avoir désormais un pouvoir fort et respecté. (Adhésion chaleureuse.) En effet, donner satisfaction aux exigences du moment en créant un système qui reconstitue l'autorité sans blesser l'égalité, sans fermer aucune voie d'amélioration, c'est jeter les véritables bases du seul édifice capable de supporter plus tard une liberté sage et bienfaisante.

La crise se précipite.

Les intrigues parlementaires s'ourdissent en tous sens. Pendant que Louis-Napoléon se met en rapport avec l'esprit des populations, les hommes du Parlement se tiennent continuellement en dehors de l'opinion publique. Ils vivent de plus en plus de cette vie factice que crée l'isolement. Leurs prétentions grandissent à mesure que leur autorité décroît. Dans cet air vicié, le levain de toutes ces passions fermente, les partis les plus opposés s'unissent par des pactes honteux qui les déconsidèrent aux yeux du pays. Enfin chaque fraction de l'Assemblée prépare son coup d'État, sans avoir grande foi dans le succès, car le trouble est dans toutes les têtes, la contradiction dans tous les esprits.

Une parodie de la Convention se prépare; mais cette fois la Convention sera royaliste. Tous les rôles sont déjà distribués; on ne peut plus reculer, il faut marcher en avant. Bien aveugle eût été celui qui aurait cru alors à un dénouement pacifique : on sait ce que vaut un baiser Lamourette.

La France attend avec anxiété et se demande qui va porter les premiers coups du Pouvoir législatif ou du Pouvoir exécutif. En attendant, chaque matin et chaque soir elle dévore ses journaux, où elle trouve le spectacle quotidien des scènes déplorables du Parlement.

Le Président a accepté le combat. Il était depuis longtemps facile de prévoir qu'il agirait ainsi. Le deuxième discours de Dijon ne laissait plus aucun doute.

Pas une concession n'est faite par le Président à l'esprit parlementaire. Le ministre de la guerre, M. de Saint-Arnaud, a déclaré hardiment qu'il avait donné l'ordre qu'on retirât des casernes le décret du 11 mai 1848 qui y avait été affiché par l'ancien ministre Rullière. Il conteste à l'Assemblée le droit de requérir directement par son bureau la force armée, et même *celui de pourvoir à sa souveraineté comme elle l'entend*. Fort de cette conviction que : « l'obéissance est le « principe vital de toute société dans l'armée ; que c'est par « l'obéissance que pénètre la discipline ; et que c'est par le « culte de la discipline qu'on prépare dans le soldat un ci- « toyen dévoué aux lois de son pays, » le ministre s'écrie avec l'accent que donne la vérité : « Si vous vous opposez, par je « ne sais quelle distinction de méfiance, de respect à la loi, « au respect de la discipline, vous introduirez dans l'armée « un esprit de délibération mortel à la discipline. » Et il soutient en définitive : « Que le droit de réquisition, qui ne sera

« jamais refusé, doit passer par la voie hiérarchique, » c'est-à-dire le Pouvoir exécutif.

A un tel langage, les parlementaires irrités s'animent, s'excitent entre eux, et projettent d'arrêter les ministres en pleine Assemblée; s'ils ne le font pas, ce n'est pas la volonté qui leur manque, mais le courage. Aujourd'hui que les esprits sont plus calmes, qu'on relise les dernières séances de la Chambre des Représentants, ainsi que les commentaires des journaux de toutes les nuances, et l'on sera convaincu que la mesure était comble, et que, sans l'initiative du Président, nous serions aujourd'hui en pleine Convention.

Admettons, pour un instant, que la proposition des questeurs eût été votée, on eût assisté à cet étrange spectacle de l'indiscipline prêchée par des Conservateurs, et de l'armée désorganisée par leurs doctrines. Mais tous ces vains parleurs eussent été les premières victimes du triomphe de leurs idées; Louis-Napoléon en *les destituant*, leur a sauvé la fortune et la vie.

Que cette Convention se fût établie, et la France trop tard désillusionnée eût vu la concentration de tous les pouvoirs dans une Assemblée impuissante qui ne se serait emparée du Pouvoir Exécutif que pour le désarmer et se trouver ensuite sans défense en présence des éventualités menaçantes de 1852. A l'appui de cette opinion citons un seul exemple, qui rendra impossible toute réfutation :

M. Dupin aîné, qui est certainement un homme d'esprit, n'est-il pas forcé d'avouer que le 4 décembre il se sentait beaucoup plus libre chez lui, eût-il une sentinelle à sa porte, que s'il se fût trouvé dans sa bonne ville de Clamecy, insurgée au nom de la Constitution?

Pour l'esprit le plus prévenu, il est donc manifeste que la Providence a voulu qu'à Napoléon Ier succédât Napoléon II,

---

APPENDICE.

Ce recueil serait incomplet sans les Messages que le Prince Louis-Napoléon a adressés à l'Assemblée Nationale. On doit les étudier comme de précieux documents d'administration et de politique extérieure.

Si les discours expriment surtout la pensée générale du Président, les Messages nous initient à toutes les applications de cette pensée. La pratique complète ainsi la théorie.

1er Message (7 *juin* 1849).

MESSAGE DU PRÉSIDENT DE LA RÉPUBLIQUE A L'ASSEMBLÉE LEGISLATIVE.

Messieurs les Représentants,

La Constitution prescrit au Président de la République de vous présenter chaque année l'exposé de l'état général des affaires du pays.

Je me conforme à cette obligation qui me permet, en vous soumettant la vérité dans toute sa simplicité, les faits dans tout ce qu'ils ont d'instructif, de vous parler aussi de ma conduite passée et de mes intentions pour l'avenir.

Mon élection à la première magistrature de la République avait fait naître des espérances qui n'ont point encore pu toutes se réaliser.

Jusqu'au jour où vous vous êtes réunis dans cette enceinte, le pouvoir exécutif ne jouissait pas de la plénitude de ses prérogatives constitutionnelles. Dans une telle position, il lui était difficile d'avoir une marche bien assurée.

Néanmoins, je suis resté fidèle à mon manifeste.

A quoi, en effet, me suis-je engagé en acceptant les suffrages de la nation?

A défendre la société audacieusement attaquée;

A affermir une République sage, grande, honnête;

A protéger la famille, la religion, la propriété;

A provoquer toutes les améliorations et toutes les économies possibles.

A protéger la presse contre l'arbitraire et la licence;

A diminuer les abus de la centralisation;

A effacer les traces de nos discordes civiles;

Enfin, à adopter à l'extérieur une politique sans arrogance comme sans faiblesse.

Le temps et les circonstances ne m'ont point encore permis d'accomplir tous ces engagements; cependant de grands pas ont été faits dans cette voie.

Le premier devoir du Gouvernement était de consacrer tous ses efforts au rétablissement de la confiance, qui ne pouvait être complète que sous un pouvoir définitif. Le défaut de sécurité dans le présent, de foi dans l'avenir, détruit le crédit, arrête le travail, diminue les revenus publics et privés, rend les emprunts impossibles et tarit les sources de la richesse.

Avant d'avoir ramené la confiance, on aurait beau recourir à tous les systèmes de crédit, comme aux expédients les plus révolutionnaires, on ne ferait pas renaître l'abondance là où la crainte et la défiance du lendemain ont produit la stérilité.

Notre politique étrangère elle-même ne pouvait être à la hauteur de notre puissance passée qu'autant que nous aurions reconstitué à l'intérieur ce qui fait la force des nations : l'union des citoyens, la prospérité des finances.

Pour atteindre ce but, le Gouvernement n'a eu qu'à suivre une marche ferme et résolue, en montrant à tous que, sans sortir de la légalité, il emploierait les moyens les plus énergiques pour rassurer la société.

Partout aussi il s'efforça de rétablir le prestige de l'autorité, en mettant tous ses soins à appeler aux fonctions publiques les hommes qu'il jugeait les plus honnêtes et les plus capables, sans s'arrêter à leurs antécédents politiques.

C'est encore afin de ne pas inquiéter les esprits que le Gouvernement a dû ajourner le projet de rendre la liberté aux victimes de nos discordes civiles. Au seul mot d'amnistie, l'opinion publique s'est émue en sens divers; on a craint le retour de nouveaux troubles; néanmoins, j'ai usé d'indulgence partout où elle n'a pas eu d'inconvénient.

Les prisons se sont déjà ouvertes à 1,570 transportés de juin, et bientôt les autres seront mis en liberté sans que la société ait rien à en redouter; quant à ceux qui, en vertu des décisions des conseils de guerre, subissent leur peine aux bagnes, quelques-uns d'entre eux, pouvant être assimilés aux condamnés politiques, seront placés dans des maisons de détention.

La marche suivie avait en assez peu de temps rétabli la confiance; les affaires avaient repris un grand essor, les caisses d'épargne se remplissaient. Depuis la fin de janvier le produit des contributions indirectes et des douanes n'avaient pas cessé de s'accroître et s'était rapproché, en avril, des temps les plus prospères. Le Trésor avait retrouvé le crédit dont il a besoin, et la ville de Paris avait pu contracter un emprunt dont le taux avoisine le pair, négociation qui rappelait l'époque où la confiance était le mieux affermie. Les demandes en autorisation de sociétés anonymes se multipliaient, le nombre des brevets d'invention augmentait de jour en jour; le prix des offices, le taux de toutes les valeurs, qui avaient subi une dépréciation si grande, se relevait graduellement; enfin, dans toutes les villes manufacturières, le travail avait recommencé, et les étrangers affluaient de nouveau à Paris; ce mouvement heureux, arrêté un moment par l'agitation électorale, reprendra son cours à l'aide de l'appui que vous prêterez au Gouvernement.

FINANCES.

Quoique les affaires commerciales et industrielles aient repris en grande partie, l'état de nos finances est loin d'être satisfaisant.

Le poids d'engagements hasardeux contractés par le dernier Gouvernement a nécessité, durant le cours de l'année 1848, une liquidation qui a ajouté à la dette publique 56,501,800 fr. de rentes nouvelles.

D'un autre côté, les dépenses extraordinaires que la révolution de février a entraînées, ont produit un surcroît de charges qui, toute compensation faite, s'est élevé pour l'année 1848 à 263,198,428 fr., et, malgré les ressources additionelles dues au produit de l'impôt des 45 centimes et aux emprunts négociés, l'exercice laissera un déficit de 72,160,000 fr.

L'année 1849 devait, d'après les combinaisons du budget qui s'y rapportait, laisser un découvert de 25 millions; mais les faits n'ont pas répondu au calcul, et des changements considérables se sont accomplis sous l'empire des circonstances. Des impôts nouveaux, dont le produit est évalué à plus de 90 millions, n'ont pas été votés; d'autre part, non-seulement l'impôt du sel a été réduit des deux tiers, mais les revenus de la taxe des lettres sont descendus fort au-dessous du chiffre qu'on espérait trouver, et le déficit prévu s'élèvera à environ 180 millions.

Un autre fait inattendu est venu aggraver la situation. L'impôt sur les boissons, dont le produit dépasse 100 millions, demandait à être adouci et simplifié par une forme nouvelle qui la mît en harmonie avec l'esprit de nos institutions ; un amendement rattaché au budget de 1849 l'a aboli à partir du 1er janvier 1850, et en a prescrit le remplacement.

Il est devenu indispensable maintenant de rétablir l'équilibre entre les dépenses et les recettes ; on n'y peut parvenir qu'en réduisant les dépenses et en ouvrant de nouvelles sources de revenu.

Cet état de nos finances mérite d'être pris en sérieuse considération. Ce qui doit nous consoler néanmoins et nous encourager, c'est de constater les éléments de force et de richesse que renferme notre pays.

GARDE NATIONALE.

La garde nationale qui s'est montrée presque partout animée du sentiment de ses devoirs, compte aujourd'hui près de quatre millions d'hommes dont 1,200,000 sont armés de fusils ou de mousquetons.

Elle possède 500 canons.

L'organisation de 300 bataillons de gardes nationaux mobilisables est préparée conformément au décret du 22 juillet dernier.

Quant à la garde mobile, engagée pour une seule année en 1848, sa réorganisation, au mois de janvier dernier, fit descendre l'effectif de 12,000 à 6,000 hommes, ce qui a produit une économie de 7 millions.

ARMÉE.

L'armée, toujours fidèle à l'honneur et à son devoir, a continué, par son attitude ferme et inébranlable, à contenir les mauvaises passions à l'intérieur et à donner à l'extérieur une juste idée de notre force.

Nous avons maintenant sous les armes un total de 451,000 hommes et de 93,754 chevaux.

Nous possédons 16,495 bouches à feu de toute espèce, dont 13,770 en bronze ; les bouches à feu de campagne sont au nombre de 5,139.

C'est aussi à notre armée que l'Algérie doit le repos dont elle jouit ; une certaine agitation s'était manifestée chez les Arabes et les Kabyles ; mais des opérations bien combinées et bien exécutées y ont promptement rétabli l'ordre et la sécurité : notre influence s'en est accrue.

Les travaux du port d'Alger et ceux qui ont pour but de créer ou d'améliorer nos voies de communication se poursuivent avec l'activité permise par les allocations budgétaires.

La colonisation privée témoigne par l'état des récoltes de cette année même, qu'elle est en voie de progrès.

L'installation et le développement des colonies agricoles se continuent avec zèle et persévérance.

MARINE.

Notre flotte qui protége nos colonies et fait respecter notre pavillon sur toutes les mers, se compose :

De la flotte active à voiles, comprenant 10 vaisseaux de ligne, 8 frégates, 18 corvettes, 24 bricks, 12 transports et 24 bâtiments légers.

De la flotte active à vapeur, qui est de 14 frégates, 13 corvettes et 34 avisos.

En dehors de la flotte active se trouvent les bâtiments en disponibilité de rade et en commission de port. C'est une réserve prête à agir dans le plus bref délai. Cette réserve se compose de 10 vaisseaux, 15 frégates à voiles, 10 frégates à vapeur, 6 corvettes et 6 avisos également à vapeur.

L'armement de ces bâtiments réclame le concours de 958 officiers de tout grade, les aspirants non compris, et un effectif de marins dont le chiffre ne s'élève pas à moins de 28,500 hommes.

Aucun trouble sérieux ne s'est manifesté au sein de la société coloniale qui, désormais repose sur la solide base de l'égalité civile et politique. Au bienfait de la liberté pour les noirs est venu s'ajouter la compensation d'une indemnité pour les colons. Une équitable répartition sera, il faut l'espérer, un élément de paix, de travail et de prospérité.

En restant, autant qu'il sera possible, dans les prévisions du budget voté en 1849, le Gouvernement espère continuer à maintenir intact l'établissement naval et colonial, jusqu'à ce qu'il puisse en proposer l'amélioration et le développement à l'Assemblée législative.

AGRICULTURE, INDUSTRIE, COMMERCE.

L'agriculture, cette source de toutes les richesses, a reçu tous les encouragements qu'il était possible de lui donner en si peu de temps.

Depuis le 20 décembre dernier, vingt et une fermes-écoles ont été créées, et forment, avec les vingt-cinq déjà existantes, le premier degré de l'enseignement agricole. D'autres seront établies.

Les instituts de la Saulsaie et de Grand-Jouan ont pris rang d'écoles régionales, et fonctionnent aujourd'hui comme établissement de l'État, d'après les prescriptions de la loi du 3 octobre.

L'administration s'est fait mettre en possession des fermes renfermées dans le petit parc de Versailles, destiné à l'Institut national agronomique.

Cent vingt-deux sociétés d'agriculture et plus de trois cents comices ont pris part à la répartition des fonds votés pour l'encouragement de l'agriculture.

Par arrêté du 25 avril 1849, une commission d'hommes spéciaux et dévoués s'est mise à l'étude de la question des colonies agricoles. Le désir du gouvernement était de trouver le moyen le plus efficace de venir au secours des classes laborieuses en ramenant les ouvriers des villes aux travaux de la campagne, et, d'après l'exemple des autres pays dont les documents ont été réunis, d'utiliser, au profit des pauvres, la mise en valeur des terres incultes.

L'organisation des haras nationaux a été profondément modifiée par l'arrêté du 11 décembre 1848.

L'industrie chevaline est en progrès; elle a partout repris sa marche, et toutes les institutions qui en découlent et qui s'étaient crues menacées sont revenues à leur niveau.

Le bon emploi du crédit de 500,000 fr., alloué pour la remonte des établissements, n'a pas été étranger à ce résultat. Jamais la remonte n'a été ni aussi considérable ni aussi brillante que cette année.

La situation des subsistances est satisfaisante; la récolte de 1848, bien que moins abondante que celle qui la précédée, offre cependant des ressources supérieures aux besoins du pays.

Les renseignements parvenus sur l'état des récoltes en terre sont très-favorables : c'est une consolation, au milieu de toutes nos épreuves, de voir l'abondance des produits promettre à nos populations le bon marché des denrées alimentaires.

L'exposition des produits de l'industrie, qui exerce une influence heureuse sur le maniement des affaires, s'est ouverte le 4 juin : le nombre des exposants inscrits s'était élevé à 3,919; il dépasse, cette année, le chiffre de 4,000.

L'exécution de la loi sur les associations ouvrières se poursuit et touche à son terme. Sur 600 demandes parvenues au département du commerce, il ne reste aujourd'hui à statuer que sur 80. Des 3 millions votés, il a été alloué 2,292,000 fr. à 47 associations.

Les chambres consultatives et les chambres de commerce vont être constituées sur des bases nouvelles.

Le commerce extérieur de la France s'était élevé, en 1847, à la somme totale de 2 milliards 614 millions, 1,343 millions à l'importation, et 1,271 à l'exportation.

Rudement éprouvée par les événements politiques, l'année 1848 a vu, comme on pouvait s'y attendre, décroître considérablement le commerce français. On n'en saurait indiquer exactement la valeur, l'administration des douanes n'étant pas encore en mesure d'en déterminer le chiffre; mais on ne peut douter que ce chiffre se trouvera réduit dans une proportion très-notable. La mise en consommation des matières nécessaires à l'industrie, en effet, a beaucoup perdu : celle des fontes est tombée de 95,941 tonnes à 45,553; la houille, de 2,173,000 tonnes à 1,796,000; la laine, de 138,000 quintaux à 80,962; la soie, de 15,000 à 7,688, etc.

Un élément, au reste, permettra de juger assez exactement des variations qu'à subies notre commerce extérieur en 1848 : c'est la recette des douanes.

En 1847, elle avait donné en moyenne mensuelle environ 11 millions.

Durant les mois de janvier et de février 1848, elle produit une moyenne de 8,700,000 francs. A partir de mars, et pour chacun des trois mois suivants, elle va s'affaiblissant, et ne donne plus, en moyenne, qu'environ 5 millions; durant les mois de juillet, août et septembre, la moyenne se relève un peu au-dessus de 8 millions; enfin, pour les mois d'octobre, novembre et décembre, elle atteint le chiffre de 9 millions, c'est-à-dire près du double de ce qu'avaient produit les mois les plus agités de l'exercice.

Il était facile de voir que, dans le cours du dernier trimestre, et à mesure que le pays approchait du moment où le pouvoir allait se trouver régulièrement et difinitivement constitué, la marche des affaires commerciales s'améliorait en même temps que se raffermissait la confiance publique.

Cette influence s'est fait principalement sentir sur nos exportations. Presque tous les articles avaient, durant le premier trimestre, éprouvé de fortes pertes. A l'aide de l'élévation et de l'extension des primes (décret du 10 juin 1848), elles reprennent une activité qui se fait particulièrement remarquer vers la fin de l'année. A cette époque, la diminution disparaît pour la majeure partie des articles; pour certains même, comme les *vins*, les *eaux-de-vie*, *soieries* et les *toiles*, il y a, comparativement à 1847, quelque accroissement.

Mais c'est en examinant les résultats des premiers mois de 1849 qu'on aperçoit plus évidemment encore ce mouvement améliorateur.

Si, en janvier et février, on trouve des différences en moins assez sensibles, comparativement aux mois correspondants de 1848, l'avantage en mars et avril passe, pour la plupart des marchandises importées et exportées, du côté de 1849. Ainsi, pour citer quelques-uns de ces articles qui alimentent plus spécialement le travail industriel, le coton, au 30 avril, donne 21 millions de kil. au lieu de 13; la houille, 567,000 tonnes au lieu de 447,000; la laine, 45,765 quintaux au lieu de 21,480; le sucre brut, 26 millions de kil. au lieu de 16; l'indigo, 394,000 au lieu de 289,800; le bois d'acajou, 700,000 kil. au lieu de 505,000, et, enfin, la recette des douanes au 30 avril 1849 s'élève à 39 millions de francs, au lieu de 26,787,000 qu'elle avait donnés à pareille époque de 1848; et ce qui prouve que l'amélioration s'est continuée en mai, malgré les agitations qui ont affecté ce mois, c'est qu'il a donné 5 millions et demi de plus que celui de 1847, et que Paris a vu, comparativement aussi à mai 1848, s'élever de 6 millions le chiffre de ses exportations.

Le décret qui avait temporairement élevé le taux des primes de sortie ayant cessé d'être en vigueur à partir du 1er janvier 1849, on eût pu croire que nos exportations allaient, à dater de ce moment, se ralentir, et que cette mesure législative aurait, sous ce rapport, escompté en 1848 les bénéfices de 1849, il n'en a rien été : nos tissus de toute sorte montraient, au 31 mai dernier, un accroissement très-marqué, et il en était de même de nos sucres raffinés, de nos peaux ouvrées, de nos verreries, etc.

En résumé, la situation du commerce français, vivement compromise pendant une grande partie de l'année 1848, s'est un peu améliorée vers la fin de cet exercice, et a pris une marche positivement ascendante depuis le commencement de 1849. C'est un résultat qui, en assurant au présent des avantages certains, semble être aussi une garantie de sécurité pour l'avenir.

La question de la réforme pénitentiaire, la question du travail dans les prisons, se rattachent aux intérêts de l'industrie. Chacun des systèmes a été particulièrement étudié; le rétablissement de la discipline est l'objet d'efforts persévérants, et une idée préoccupe surtout l'administration, celle de la part qu'il conviendrait peut-être d'accorder à l'agriculture dans la réorganisation des travaux des condamnés.

Le nombre des prisons départementales est de.	400
Celui des maisons centrales, de.	21
Établissements ou quartiers d'éducation correctionnelle pour les jeunes détenus.	12
Colonies agricoles fondées par le gouvernement.	5
Colonies agricoles administrées par des particuliers. . . .	7
TOTAL.	445

Au 1er janvier 1848, la population s'élevait dans les prisons départementales à.	26,653
Dans les maisons centrales, à.	17,789
Dans les établissements et colonies de jeunes détenus, à.	3,600
TOTAL.	48,042

Actuellement on compte en France plus de 1,300 établissements publics pour les malades, les vieillards, les enfants, etc., dont les revenus annuels dépassent la somme de 53,000,000 de fr.

Il faut y ajouter près de 8,000 bureaux de bienfaisance pour la distribution de secours à domicile, qui possèdent environ 13,500,000 francs de revenus ordinaires.

Enfin, d'autres services charitables, relatifs aux monts-de-piété, aux enfants trouvés, aux aliénés indigents, aux sourds-muets et aux aveugles, emploient au soulagement des infortunes des sommes qui s'élèvent à près de 50,000,000 de francs. C'est donc environ 116 millions par an qui sont consacrés à l'assistance publique, sans compter les charités privées, dont il est impossible de calculer l'importance, même approximativement.

Mais ces secours, tout immenses qu'ils paraissent, sont encore trop faibles si on les compare à la masse des besoins. Le gouvernement le sait, et il a la ferme volonté de pourvoir à cette insuffisance.

Les mesures qui peuvent intéresser la santé publique ont été prises sur tous les points de la France. Des comités d'hygiène et de salubrité ont été institués; leur organisation promet, dans un avenir prochain, d'heureux résultats, et dès aujourd'hui assurent d'utiles secours aux populations envahies par le choléra.

Les crédits votés par l'Assemblée nationale ont permis de venir en aide aux communes atteintes et dont les ressources étaient insuffisantes pour procurer aux familles pauvres les secours dont elles avaient besoin en présence de l'épidémie.

TRAVAUX PUBLICS.

Malgré l'avantage qu'il y aurait eu à augmenter les travaux publics, afin d'employer tous les bras oisifs, l'état de nos finances engagea l'Assemblée constituante à décréter des réductions considérables, qui ont porté sur l'achèvement des routes, l'entretien et les dotations spéciales affectées aux réparations des principales rivières et des ports maritimes.

Nos 4,800 kilomètres de canaux ont eu à supporter des réductions analogues.

Les deux nouveaux canaux même, commencés suivant un décret de l'Assemblée, le premier entre Nogent et Marcilly, le second dérivé de la Sauldre pour l'assainissement de la Sologne, ont été interrompus faute de crédits, quoique le but eût été d'offrir aux ouvriers un salaire assuré.

Cependant, deux des lignes les plus importantes n'ont pas été abandonnées et touchent presque à leur fin : ce sont le canal de la Marne au Rhin et le canal latéral à la Garonne.

Quant aux chemins de fer exécutés par l'État, on avait déjà dépensé, au 31 décembre 1847, pour les lignes construites, près de 800 millions.

D'après les évaluations des ingénieurs, il restait encore à dépenser, pour les terminer, une somme de 330 millions. La crise financière a forcé de réduire successivement cette somme jusqu'à 46 millions.

Le réseau du Nord a été accru, au mois de mars, d'une section comprise entre Creil et Noyon.

Le chemin qui borde la rive gauche de la Loire a été prolongé jusqu'à Saumur.

Dans les chemins du Centre, on s'est avancé jusqu'à Nérondes.

Sur la grande ligne entre Paris et Marseille, la section de Marseille à Avignon est ouverte. L'État administre provisoirement cette ligne, dont la compagnie concessionnaire a été légalement dépossédée.

D'Avignon à Lyon, aucun travail n'a été entrepris. Entre Lyon et Paris, l'État a repris la concession qu'il avait faite le 20 décembre 1845.

De Paris à Tonnerre et de Dijon à Châlon-sur-Saône, la voie de fer va être ouverte dans quelques semaines. Pour combler les lacunes de Tonnerre à Dijon et de Châlon à Lyon, il faut encore près de deux ans de travaux non interrompus.

Les contrées de l'Ouest n'ont obtenu qu'un seul tracé, celui qui joindra la capitale avec la ville de Rennes. La tête de cette ligne était l'un des deux chemins de Versailles ; la loi du 21 avril dernier rattache au chemin de la rive gauche les travaux complétement terminés entre Versailles et Chartres. Le transport des voyageurs commencera au 10 juillet, et dans huit mois le point extrême pourra être porté à la Loupe, et ouvrir ainsi un accès à la population du département de l'Orne.

L'exploitation des mines et celle des usines métallurgiques ont, malgré la crise commerciale de 1848, fait quelques progrès.

Quarante-cinq concessions nouvelles de mines ont été données, c'est-à dire autant que les trois années précédentes réunies. Depuis le 1 janvier 1849, jusqu'au 19 mai, 10 autres concessions ont été accordées.

Les permissions d'usines ont suivi le même progrès. En 1847 il en avait été accordé 36 ; pour 1848 on en compte 55; enfin 19 depuis le 1er janvier.

La carte géologique proprement dite est achevée et publiée.

Le crédit, proposé au budget de l'exercice 1849 pour l'organisation d'un service hydraulique ayant pour but le desséchement des terres insalubres, n'ayant pas été admis, l'Administration a dû nécessairement se borner à organiser un service spécial dans un certain nombre de départements où les conseils généraux avaient donné leur approbation à cette mesure.

L'industrie des bâtiments civils, qui occupe un grand nombre d'ouvriers et d'artistes, a souffert de notre état de crise.

L'Assemblée nationale s'est bornée à voter les crédits nécessaires à l'achèvement des constructions déjà entreprises depuis plusieurs années : aussi les travaux ont-ils été repris à la Sainte-Chapelle, à l'École des mines, à la bibliothèque Sainte-Geneviève, à l'École polytechnique, à l'École vétérinaire de Lyon, etc.

Le Gouvernement a pensé qu'il serait digne de la République d'achever le palais du Louvre, où seraient réunies toutes nos richesses littéraires et artistiques; il en a fait la demande à l'Assemblée nationale. Cette demande a été l'objet des études d'une commission qui n'a pas achevé son travail. Cette question importante sera de nouveau soumise à l'Assemblée.

INSTRUCTION PUBLIQUE.

Dès le début de son administration, le ministre de l'instruction publique a institué deux commissions pour préparer deux projets de lois sur l'enseignement primaire et sur l'enseignement secondaire, ayant pour but principal l'application immédiate et sincère du principe de liberté inscrit dans la Constitution. Le résultat de leurs laborieuses délibérations sera sans retard présenté à l'Assemblée.

Un projet de loi sur l'établissement de cours d'administration pratique dans chaque faculté de département, a été présenté à l'Assemblée nationale. Elle n'a rien décidé. La question sera de nouveau posée devant l'Assemblée législative.

Deux arrêtés du Pouvoir exécutif, en date du 30 mai et du 16 août, avaient placé dans les attributions du ministère de l'instruction publique les établissements d'enseignement en Algérie, et Alger était devenu le siége d'une académie. Une commission, présidée par l'un de nos généraux les plus expérimentés, a été chargée d'étudier le moyen de répandre la connaissance de la langue arabe parmi les Européens, celle de la langue française parmi les indigènes.

L'administration des cultes n'a rencontré que des encouragements et des approbations dans le rapport de la commission du budget.

Des négociations ont été entamées avec la cour de Rome pour l'érection de trois siéges épiscopaux dans nos possessions coloniales. Cette mesure sera le complément de l'émancipation des noirs et achèvera d'assimiler les colonies à la métropole.

La rénovation des facultés de théologie catholique, conformément au vœu de l'Assemblée nationale, a également excité les préoccupations du Gouvernement. Une commission a élaboré un projet sur cette délicate question, qui touche aux intérêts les plus élevés de la religion, et, à ce titre, ne peut être utilement résolue sans la participation du pouvoir spirituel.

Des allocations considérables, en permettant d'élever le traitement des instituteurs et d'apporter une première amélioration à la position des desservants, témoignaient chez l'Assemblée de la ferme volonté de répondre aux besoins religieux et intellectuels des populations. Cette pensée de haute politique, d'équité et de religion, sera comprise et continuée sans doute par l'Assemblée legislative.

Il y a aujourd'hui en France 68 établissements d'instruction supérieure et 6,269 étudiants.

En dehors de l'Ecole normale, qui reçoit 115 élèves, on compte 1,220 établissements d'instruction secondaire et 106,065 élèves. Il existe 56 lycées, 309 colléges communaux et 955 établissements particuliers.

Les écoles primaires reçoivent 2,176,079 garçons et 1,354,056 filles, ce qui donne un total de 3,530,135 élèves.

Ces détails sommaires vous prouveront, Messieurs, que l'administration s'est acquittée avec zèle de ses devoirs. La révolution lui a imprimé une impulsion nouvelle, et, dans les diverses branches qui la composent, elle ne s'est pas bornée au simple accomplissement de ses fonctions, mais elle a cherché les moyens de répondre à l'attente publique, en préparant tous les projets d'amélioration qui seront soumis à l'Assemblée législative.

AFFAIRES ÉTRANGÈRES.

Il est dans la destinée de la France d'ébranler le monde lorsqu'elle se remue, de le calmer lorsqu'elle se modère. Aussi l'Europe nous rend-elle responsable de son repos et de son agitation. Cette responsabilité nous impose de grands devoirs ; elle domine notre situation.

Après février, le contre-coup de notre révolution se fit sentir depuis la Baltique jusqu'à la Méditerranée, et les hommes qui me précédèrent à la tête des affaires, ne voulurent pas lancer la France dans une guerre dont on ne pouvait prévoir le terme : ils eurent raison.

L'état de civilisation en Europe ne permet de livrer son pays aux hasards d'une collision générale qu'autant qu'on a pour soi, d'une manière évidente, le droit et la nécessité. Un intérêt secondaire, une raison plus ou moins spécieuse d'influence politique, ne suffisent pas ; il faut qu'une nation comme la nôtre, si elle s'engage dans une lutte colossale, puisse justifier, à la face du monde, ou la grandeur de ses succès, ou la grandeur de ses revers.

Lorsque je parvins au pouvoir, de graves questions s'agitaient sur divers points de l'Europe. Au delà du Rhin comme au delà des Alpes, depuis le Danemark jusqu'en Sicile, il y avait pour nous un intérêt à sauvegarder, une influence à exercer.

Mais cet intérêt et cette influence méritaient-ils, pour être énergiquement soutenus, qu'on courût les chances d'une conflagration européenne? voilà la question : ainsi posée, elle est facile à résoudre.

Sous ce point de vue, dans toutes les affaires extérieures qui ont été le sujet des négociations que nous allons passer en revue, la France a fait ce qu'il était possible de faire pour l'intérêt de ses alliés, sans cependant recourir aux armes, cette dernière raison des gouvernements.

La Sicile, il y a près d'un an, s'était insurgée contre le roi de Naples. L'Angleterre et la France intervinrent avec leur flotte pour arrêter des hostilités qui prenaient le caractère du plus cruel acharnement ; et, il faut le dire, quoique l'Angleterre eût plus d'intérêt dans cette question que la France elle-même, les deux amiraux s'unirent d'un commun accord pour obtenir du roi Ferdinand en faveur des Siciliens, une amnistie complète et une constitution qui garantissait leur indépendance législative et administrative. Ils refusèrent. Les amiraux quittèrent la Sicile, forcés d'abandonner le rôle de médiateurs, et bientôt la guerre recommença. Un peu plus tard, ce même peuple, qui avait repoussé des conditions favorables, était obligé de se rendre à discrétion.

Au nord de l'Italie, une guerre sérieuse avait éclaté, et un moment, lorsque l'armée piémontaise poussa ses succès jusqu'au Mincio, l'on avait pu croire que la Lombardie recouvrerait son indépendance. La désunion fit promptement évanouir cet espoir, et le roi de Piémont fut obligé de se retirer dans ses États.

A l'époque de mon élection, la médiation de la France et de l'Angleterre avait été acceptée par les parties belligérantes. Il ne s'agissait plus que d'obtenir pour le Piémont les conditions les moins désavantageuses. Notre rôle était indiqué, commandé même. S'y refuser, c'était allumer une guerre européenne. Quoique l'Autriche n'eût envoyé aucun négociateur à Bruxelles, lieu indiqué de la conférence, le gouvernement français conseilla au Piémont de résister au mouvement qui l'entraînait à la guerre et de ne pas recommencer une lutte trop inégale.

Ce conseil ne fut pas suivi, vous le savez. Et après une nouvelle défaite, le roi de Sardaigne conclut directement avec l'Autriche un nouvel armistice.

Quoique la France ne fût pas responsable de cette conduite, elle ne pouvait pas permettre que le Piémont fût écrasé, et du haut de la tribune, le gouvernement déclara qu'il maintiendrait l'intégrité du territoire d'un pays qui couvre une partie de nos frontières. D'un côté, il s'est efforcé de modérer les exigences de l'Autriche, demandant une indemnité de guerre qui parut exorbitante; de l'autre, il a engagé le Piémont à faire de justes sacrifices pour obtenir une paix honorable. Nous avons tout lieu de croire que nous réussirons dans cette œuvre de conciliation.

Tandis qu'au nord de l'Italie se passaient ces événements, de nouvelles commotions venaient au centre de la Péninsule compliquer la question.

En Toscane, le grand-duc avait quitté ses États. A Rome s'était accomplie une révolution qui avait vivement ému le monde catholique et libéral : en effet, depuis deux ans on était habitué à voir sur le Saint-Siége un pontife qui prenait l'initiative des réformes utiles, et dont le nom, répété dans des hymnes de reconnaissance, d'un bout de l'Italie à l'autre, était le symbole de la liberté et le gage de toutes les espérances, lorsque tout-à-coup l'on apprit avec étonnement que ce souverain, naguère l'idole de son peuple, avait été contraint de s'enfuir furtivement de sa capitale.

Aussi, les actes d'agression qui obligèrent Pie IX à quitter

Rome parurent-ils aux yeux de l'Europe être l'œuvre d'une conjuration, bien plus que le mouvement spontané d'un peuple qui ne pouvait être passé en un instant de l'enthousiasme le plus vif à l'ingratitude la plus affligeante.

Les puissances catholiques envoyèrent des ambassadeurs à Gaëte pour s'occuper des graves intérêts de la papauté. La France devait y être représentée; elle écouta tout sans engager son action. Mais, après la défaite de Novare, les affaires prirent une tournure plus décidée : l'Autriche, de concert avec Naples, répondant à l'appel du Saint-Père, notifia au gouvernement français qu'il eût à prendre un parti, car ces puissances étaient décidées à marcher sur Rome pour y rétablir purement et simplement l'autorité du Pape.

Mis en demeure de nous expliquer, nous n'avions que trois moyens à adopter :

Ou nous opposer par les armes à toute espèce d'intervention, et, en ce cas, nous rompions avec toute l'Europe catholique pour le seul intérêt de la république romaine, que nous n'avions pas reconnue;

Ou laisser les trois puissances coalisées rétablir à leur gré et sans ménagement l'autorité papale;

Ou bien, enfin, exercer de notre propre mouvement une action directe et indépendante.

Le gouvernement de la République adopta ce dernier moyen.

Il nous semblait facile de faire comprendre aux Romains que, pressés de toutes parts, ils n'avaient de chances de salut qu'en nous; que si notre présence avait pour résultat le retour de Pie IX, ce souverain, fidèle à lui-même, ramènerait avec lui la réconciliation et la liberté; qu'une fois à Rome, nous garantissions l'intégrité du territoire, en ôtant tout prétexte à l'Autriche d'entrer en Romagne. Nous pouvions même espérer que notre drapeau, arboré sans contestation au centre de l'Italie, aurait étendu son influence protectrice sur la Péninsule tout entière, dont aucune des douleurs ne peut nous trouver indifférents.

L'expédition de Civita-Vecchia fut donc résolue de concert avec l'Assemblée nationale, qui vota les crédits nécessaires. Elle avait toutes les chances de succès : les renseignements reçus s'accordaient à dire qu'à Rome, excepté un petit nombre d'hommes qui s'étaient emparés du pouvoir, la majorité de la population attendait notre arrivée avec impatience; la simple raison devait faire croire qu'il en était ainsi, car, entre notre intervention et celle des autres puissances, le choix ne pouvait pas être douteux.

Un concours de circonstances malheureuses en décida autrement : notre corps expéditionnaire, peu nombreux, car une résistance sérieuse n'était pas prévue, débarqua à Civita-Vecchia, et le gouvernement est instruit que s'il eût pu arriver à Rome le même jour, on lui en aurait ouvert les portes avec joie. Mais pendant que le général Oudinot notifiait son arrivée au gouvernement de Rome, Garibaldi y entrait à la tête d'une troupe formée des réfugiés de toutes les parties de l'Italie, et même du reste de l'Europe, et sa présence, on le conçoit, accrut subitement la force du parti de la résistance.

Le 30 avril, six mille de nos soldats se présentèrent sous les murs de Rome. Ils furent reçus à coups de fusils; quelques-uns même, attirés dans un piége, furent faits prisonniers. Nous devons tous gémir du sang répandu dans cette triste journée. Cette lutte inattendue, sans rien changer au but final de notre entreprise, a paralysé nos intentions bienfaisantes et rendu vains les efforts de nos négociateurs.

Au nord de l'Allemagne, l'insurrection avait compromis l'indépendance d'un État, l'un des plus anciens et des plus fidèles alliés de la France. Le Danemark avait vu les populations des duchés de Holstein et Schleswig se révolter contre lui, tout en reconnaissant cependant la souveraineté du prince qui règne en ce moment. Le gouvernement central de l'Allemagne crut devoir décréter l'incorporation du Schleswig à la confédération, parce qu'une grande partie du peuple était de race allemande.

Cette mesure est devenue la cause d'une guerre acharnée.

L'Angleterre a offert sa médiation, qui a été acceptée. La France, la Russie, la Suède, se sont montrées disposées à appuyer le Danemark.

Des négociations ouvertes depuis plusieurs mois ont amené à cette conclusion, que le Schleswig formerait, sous la souveraineté du roi de Danemark, un État particulier. Mais, ce principe admis, on n'a pu s'entendre sur les conséquences qu'il fallait en tirer, et les hostilités ont recommencé. Les efforts des puissances que je viens de nommer tendent en ce moment à la conclusion d'un nouvel armistice, préliminaire d'un arrangement définitif.

Le reste de l'Allemagne est agité par de graves pertubations. Les efforts faits par l'Assemblée de Francfort en faveur de l'unité allemande, on tprovoqué la résistance de plusieurs Etats fédérés, et amené un conflit qui, se rapprochant de nos frontières, doit attirer notre surveillance. L'empire d'Autriche, engagé dans une lutte acharnée avec la Hongrie, s'est cru autorisé à appeler le secours de la Russie. L'intervention de cette puissance, la marche de ses armées vers l'Occident, ne pouvaient qu'exciter à un haut degré la sollicitude du Gouvernement, qui a déjà échangé à ce sujet des notes diplomatiques.

Ainsi, partout en Europe, il y a des causes de collision que nous avons cherché à apaiser, tout en conservant notre indépendance d'action et notre caractère propre.

Dans toutes ces questions, nous avons toujours été d'accord avec l'Angleterre, qui nous a offert un concours auquel nous devons être sensibles.

La Russie a reconnu la République.

Le Gouvernement a conclu avec l'Espagne et la Belgique des traités de poste qui facilitent les communications internationales.

En Amérique, l'état de Montevideo s'est singulièrement modifié : d'après les renseignements de l'amiral qui commande dans ces parages nos forces navales, la population française a émigré d'une des rives du Rio de la Plata à l'autre. Ce déplacement de la population française doit nécessairement à l'avenir être pris en considération.

Enfin, messieurs les Représentants, si toutes nos négociations n'ont pas obtenu le succès que nous devions en attendre, soyez persuadés que le seul mobile qui anime le Gouvernement de la République, c'est le sentiment de l'honneur et de l'intérêt de la France.

RÉSUMÉ.

Tel est, Messieurs, l'exposé sommaire de l'état actuel des affaires de la République. Vous voyez que nos préoccupations sont graves, nos difficultés grandes, et qu'ils nous reste aujourd'hui, au dedans comme au dehors, bien des questions importantes à résoudre. Fort de votre appui et de celui de la nation, j'espère, néanmoins, m'élever à la hauteur de ma tâche, en suivant une marche nette et précise.

Cette marche consiste, d'un côté, à prendre hardiment l'initiative de toutes les améliorations, de toutes les réformes qui peuvent contribuer au bien-être de tous, et, de l'autre, à réprimer, par la sévérité des lois devenues nécessaires, les tentatives de désordre et d'anarchie qui prolongent le malaise général. Je ne bercerai pas le peuple d'illusions et d'utopies qui n'exhaltent les imaginations que pour aboutir à la déception et à la misère. Partout où j'apercevrai une idée féconde en résultats pratiques, je la ferai étudier, et, si elle est applicable, je vous proposerai de l'appliquer.

La principale mission du Gouvernement républicain, surtout, c'est d'éclairer le peuple par la manifestation de la vérité, de dissiper l'éclat trompeur que l'intérêt personnel des partis fait briller à ses yeux. Un fait malheureux se retrouve à chaque page de l'histoire : c'est que plus les maux d'une société sont réels et patents, plus une minorité aveugle se lance dans le mysticisme des théories.

Au commencement du XVIIe siècle, ce n'était pas pour le triomphe des idées insensées de quelques fanatiques, prenant la Bible pour texte et pour excuse de leurs folies, que le peuple anglais lutta pendant quarante ans, mais pour la suprématie de sa religion et le triomphe de sa liberté.

De même, après 89, ce n'était pas pour les idées de Babœuf ou de tel autre sectaire que la société fut bouleversée, mais pour l'abolition des priviléges, pour la division de la propriété, pour l'égalité devant la loi, pour l'admission de tous aux emplois.

Eh bien ! encore aujourd'hui ce n'est pas pour l'application de théories inapplicables ou d'avantages imaginaires que la révolution s'est accomplie, mais pour avoir un gouvernement qui, résultat de la volonté de tous, soit plus intelligent des besoins du peuple et puisse conduire, sans préoccupations dynastiques, les destinées du pays.

Notre devoir est donc de faire la part entre les idées fausses et les idées vraies qui jaillissent d'une révolution ; puis cette séparation faite, il faut se mettre à la tête des unes et combattre courageusement les autres. La vérité se trouvera en faisant appel à toutes les intelligences, en ne repoussant rien avant de l'avoir approfondi, en adoptant tout ce qui aura été soumis à l'examen des hommes compétents et qui aura subi l'épreuve de la discussion.

D'après ce que je viens d'exposer, deux sortes de lois seront présentées à votre approbation, les unes pour rassurer la société et réprimer les excès, les autres pour introduire partout des améliorations réelles ; parmi celles-ci j'indiquerai les suivantes :

Loi sur les institutions de secours et de prévoyance, afin d'assurer aux classes laborieuses un refuge contre les conséquences de la suspension des travaux, des infirmités et de la vieillesse ;

Loi sur la réforme du régime hypothécaire : il faut qu'une institution nouvelle vienne féconder l'agriculture, en lui apportant d'utiles ressources, en facilitant ses emprunts ; elle préludera à la formation d'établissements de crédit à l'instar de ceux qui existent dans les divers États de l'Europe ;

Loi sur l'abolition de la prestation en nature ;

Loi sur la subvention en faveur des associations ouvrières et des comices agricoles ;

Loi sur la défense gratuite des indigents, qui n'est pas suffisamment assurée dans notre législation. La justice, qui est une dette de l'État, et qui par conséquent est gratuite, se trouve environnée de formalités onéreuses qui en rendent l'accès difficile aux citoyens pauvres et ignorants. Leurs droits et leurs intérêts ne sont pas assez protégés ; sous l'empire de notre Constitution démocratique, cette anomalie doit disparaître ;

Enfin, une loi est préparée ayant pour but d'améliorer la pension de retraite des sous-officiers et soldats, et d'introduire dans la loi sur le recrutement de l'armée les modifications dont l'expérience a démontré l'utilité.

Indépendamment de ces projets, vous aurez à vous occuper des lois organiques que la dernière Assemblée n'a pas eu le temps d'élaborer et qui sont le complément nécessaire de la Constitution.

Ce qui précède suffit, Messieurs, je l'espère, pour vous prouver que mes intentions sont conformes aux vôtres. Vous voulez, comme moi, travailler au bien-être de ce peuple qui nous a élus, à la gloire, à la prospérité de la Patrie ; comme moi, vous pensez que les meilleurs moyens d'y parvenir ne sont pas la violence et la ruse, mais la fermeté et la justice. La France se confie au patriotisme des membres de l'Assemblée; elle espère que la vérité, dévoilée au grand jour de la tribune, confondra le mensonge et désarmera l'erreur. De son côté, le Pouvoir exécutif fera son devoir.

J'appelle sous le drapeau de la République et sur le terrain de la Constitution tous les hommes dévoués au salut du pays ; je compte sur leur concours et sur leurs lumières pour m'éclairer, sur ma conscience pour me conduire, sur la protection de Dieu pour accomplir ma mission.

Recevez, Messieurs, l'assurance de ma haute estime.

LOUIS-NAPOLÉON BONAPARTE.

Élysée-National, le 6 juin 1849.

2e **Message** (31 *octobre* 1849).

MESSAGE DU PRÉSIDENT DE LA RÉPUBLIQUE FRANÇAISE A L'ASSEMBLÉE LEGISLATIVE.

Monsieur le Président,

Dans les circonstances graves où nous nous trouvons, l'accord qui doit régner entre les différents pouvoirs de l'État, ne peut se maintenir que si, animés d'une confiance mutuelle, ils s'expliquent franchement l'un vis-à-vis de l'autre. Afin de donner l'exemple de cette sincérité, je viens faire connaître à l'Assemblée quelles sont les raisons qui m'ont déterminé à changer le ministère, et à me séparer d'hommes dont je me plais à proclamer les services éminents, et auxquels j'ai voué amitié et reconnaissance.

Pour raffermir la République menacée de tant de côtés par l'anarchie ; pour assurer l'ordre plus efficacement qu'il ne l'a été jusqu'à ce jour, pour maintenir à l'extérieur le nom de la France à la hauteur de sa renommée, il faut des hommes qui, animés d'un dévouement patriotique, comprennent la nécessité d'une direction unique et ferme, et d'une politique nettement formulée; qui ne compromettent le Pouvoir par aucune irrésolution, qui soient aussi préoccupés de ma propre responsabilité que de la leur, et de l'action que de la parole. (Rumeurs diverses.)

Depuis bientôt un an, j'ai donné assez de preuves d'abnégation pour qu'on ne se méprenne pas sur mes véritables intentions. Sans rancune contre aucune individualité, comme contre aucun parti, j'ai laissé arriver aux affaires les hommes d'opinions les plus diverses, mais sans obtenir les heureux résultats que j'attendais de ce rapprochement. Au lieu d'opérer une fusion de nuances, je n'ai obtenu qu'une neutralisation de forces. L'unité de vues et d'intentions a été entravée, l'esprit de conciliation pris pour de la faiblesse. A peine les dangers de la rue étaient-ils passés, qu'on a vu les anciens partis relever leurs drapeaux, réveiller leurs rivalités et alarmer le pays en semant l'inquiétude. Au milieu de cette confusion, la France, inquiète parce qu'elle ne voit pas de direction, cherche la main, la volonté de l'élu du 10 décembre. Or, cette volonté ne peut être sentie que s'il y a communauté entière d'idées, de vues, de convictions entre le Président et ses ministres, et si l'Assemblée elle-même s'associe à la pensée nationale, dont l'élection du Pouvoir exécutif a été l'expression. (Bruit à gauche.)

Tout un système a triomphé au 10 décembre.

Car le nom de Napoléon est à lui seul tout un programme. Il veut dire : à l'intérieur, ordre, autorité, religion, bien-être du peuple ; à l'extérieur, dignité nationale. C'est cette politique, inaugurée par mon élection, que je veux faire triompher avec l'appui de l'Assemblée et celui du peuple. Je veux être digne de la confiance de la nation en maintenant la Constitution que j'ai jurée. Je veux inspirer au pays, par ma loyauté, ma persévérance et ma fermeté, une confiance telle, que les affaires reprennent et qu'on ait foi dans l'avenir. La lettre d'une constitution a sans doute une grande influence sur les destinées du pays ; mais la manière dont elle est exécutée en exerce peut-être une plus grande encore. Le plus ou moins de durée du Pouvoir contribue puissamment à la stabilité des choses, mais c'est aussi par les idées et les principes que le Gouvernement sait faire prévaloir que la société se rassure.

Relevons donc l'Autorité sans inquiéter la vraie liberté. Calmons les craintes en domptant hardiment les mauvaises passions et en donnant à tous les nobles instincts une direction utile. Affermissons le principe religieux sans rien abandonner des conquêtes de la révolution, et nous sauverons le pays malgré les partis, les ambitions et même les imperfections que nos institutions pourraient renfermer.

LOUIS-NAPOLÉON BONAPARTE.

3e Message (12 *novembre* 1850).

A L'ASSEMBLÉE LÉGISLATIVE.

Messieurs les Représentants,

Mon premier Message a coïncidé avec la première réunion de l'Assemblée législative. Les mêmes électeurs qui venaient de me nommer à la magistrature suprême du pays vous appelèrent par leurs suffrages à siéger ici. La France vous vit arriver avec joie, car la même pensée avait présidé à nos deux élections. Elle nous imposait le même mandat et faisait espérer de notre union le rétablissement de l'ordre et le maintien de la paix extérieure.

Depuis le mois de juin 1849, une amélioration sensible s'est opérée.

Lorsque vous êtes arrivés, le pays était encore remué par les derniers moments de la Constituante. Plusieurs votes imprudents avaient créé de grands embarras au Pouvoir. Les emportements de la tribune s'étaient, comme toujours, traduits en agitation dans la rue, et le 13 juin vit éclore une nouvelle tentative d'insurrection. Quoique facilement réprimée, elle fit sentir davantage l'impérieuse nécessité de réunir nos efforts contre les mauvaises passions. Pour les vaincre, il fallait d'abord prouver à la nation que la meilleure intelligence régnait entre l'Assemblée et le Pouvoir exécutif, imprimer à l'administration une direction unique et ferme, combattre résolument les causes de désordre, ranimer les éléments de prospérité.

INTÉRIEUR.

Les lois importantes que la gravité des événements obligea

d'adopter contribuèrent puissamment à rétablir la confiance, parce qu'elles prouvèrent la force de l'Assemblée et du Gouvernement lorsqu'ils sont en parfait accord.

L'administration, de son côté, redoubla de vigueur, et les fonctionnaires qui ne paraissaient ni assez capables, ni assez dévoués pour remplir la mission difficile de concilier sans faiblesse et de réprimer sans esprit de parti, furent révoqués; d'autres, au contraire, élevés en grade ou récompensés.

L'autorité municipale, si salutaire lorsque son action s'unit franchement à celle du pouvoir exécutif, s'attira justement, dans beaucoup de communes, des reproches très-graves. Quatre cent vingt-et-un maires et cent quatre-vingt trois adjoints ont dû être révoqués; et si tous ceux qui sont demeurés au-dessous de leurs fonctions n'ont pas été atteints, c'est que l'imperfection de la loi s'y est opposée.

Le conseil d'État, pour y remédier, a déjà commencé l'examen d'un projet de loi; mais il est difficile de concilier les franchises municipales avec l'unité d'action, véritable force du pouvoir central.

La garde nationale, auxiliaire utile contre les ennemis du dedans et du dehors quand elle bien organisée, n'a agi que trop souvent dans un sens contraire au but de son institution, et nous a obligés de la dissoudre dans cent cinquantre-trois villes ou communes, partout enfin où elle présentait le caractère d'un corps armé délibérant.

La justice a dignement secondé le Pouvoir. La magistrature a déployé une grande énergie pour faire exécuter les lois et punir ceux qui les violaient.

Pour assurer l'ordre dans les provinces les plus agitées, de grands commandements, comprenant plusieurs divisions militaires, ont été créés, et des pouvoirs plus étendus confiés à des généraux expérimentés. Partout l'armée a donné son concours avec cet admirable dévouement qui lui est propre; partout aussi, la gendarmerie a accompli sa mission avec un zèle digne d'éloges

On a beaucoup calmé l'agitation des campagnes, en mettant un frein à la détestable propagande qu'exerçaient les instituteurs primaires. De nombreuses épurations ont été faites. Les maîtres d'école ne sont plus aujourd'hui des instruments de désordre.

Quoique préoccupé sans cesse d'une répression urgente, le Gouvernement a adopté tout ce qui lui semblait propre à améliorer la situation du pays. Aussi, malgré la difficulté des circonstances, l'impôt foncier a pu être réduit de 27 millions. Un projet d'organisation de crédit foncier, dont l'application sera encore facilitée par la réforme hypothécaire, nous a été soumis.

Les lois relatives aux caisses de retraite et de secours mutuels que vous avez votées, exerceront la plus salutaire influence sur le sort des classes ouvrières. L'organisation des sociétés de patronage, l'auxiliaire le plus utile de l'administration dans le double intérêt de la morale et de la sûreté publiques ; les hospices, les établissements de charité, ont été l'objet d'une sollicitude particulière. La meilleure destination possible a été donnée au fonds de secours.

Un projet s'élabore depuis plusieurs années en vue de procurer aux communes tout le fruit qu'elles pourraient retirer de leurs terrains vagues.

La vicinalité, sources de prospérité pour les campagnes, reçoit de constantes améliorations, qui tendent à compléter l'ensemble des communications rurales.

Le dernier Message exprimait le désir de voir supprimer la prestation en nature ; l'Assemblée nationale a été saisie de propositions relatives à cet objet. Les conseils généraux consultés se décident, la plupart, pour le maintien de la prestation en nature plutôt que pour sa suppression. Mais, *maintenir la proportionalité de l'impôt, sans amoindrir les ressources nécessaires*, est un problème difficile à résoudre.

La situation financière ds communes s'améliore ; mais le Gouvernement modère leur penchant excessif à voter des dépenses locales.

Les nouvelles lignes télégraphiques, votées par la loi du 10 février dernier, sont en voie d'exécution. Elles fonctionnent de Paris à Tours, à Rouen, à Valenciennes ; mais il est nécessaire d'étendre ce réseau. La loi sur la télégraphie privée, soumise en ce moment à l'Assemblée, réclame une prompte solution.

Le Gouvernement a usé d'indulgence toutes les fois qu'il a pu le faire sans danger. Ainsi, depuis le mois de juin 1849, 2,400 transportés ont été mis en liberté, sans que le repos public ait été compromis. Il n'en reste plus que 458, qui ont été envoyés en Algérie.

Il existe encore, malheureusement, sans compter les transportés de juin, 348 condamnés politiques dans les prisons de France.

L'interdiction du travail dans les prisons avait aggravé le sort des détenus. Le décret du 9 janvier 1849 n'a pas remédié au mal. Un projet de loi qui sauvegarde les intérêts de la société et ceux des détenus est soumis au Conseil d'État. Dès qu'il sera adopté, le Gouvernement utilisera, autant que possible, cette classe nombreuse dans des travaux agricoles,

Le bien-être et la moralisation des jeunes détenus, le système pénitentiaire cellulaire, l'amélioration du régime des maisons centrales continuent d'être étudiés avec un soin sérieux, et bientôt le Gouvernement demandera à l'Assemblée le moyen de créer des colonies agricoles modèles pour les jeunes détenus, ainsi que le prescrit la loi du 5 août dernier.

Un projet de loi vous sera présenté pour venir au secours des vieux débris de nos armées de la République et de l'Empire qui sont aujourd'hui sans ressources, parce que les événements politiques les ont frustrés de leurs droits, et qu'il est indigne d'une grande nation de laisser plus longtemps dans la misère.

FINANCES.

L'ensemble de cette politique a notablement amélioré notre situation financière.

Le compte de 1848 vous a été soumis, et vous a fait connaître le solde définitif de cet exercice.

On a pu croire un instant que le budget de 1849, en raison de certaines circonstances imprévues au moment où il fut voté, imposerait au trésor une charge d'environ 300 millions. Grâce aux progrès des revenues et aux économies introduites dans divers services, ce découvert, on peut aujourd'hui l'affirmer, sera réduit de près de 100 millions.

Tout nous fait espérer que le déficit prévu pour le budget de 1850 sera sensiblement atténué, et que l'équilibre annoncé pour 1851 sera réalisé : la marche ascendante des revenus indirects se soutient ; les neuf premiers mois de 1850, comparés aux mois correspondants de l'année dernière, donnent un avantage de plus de 28 millions. Les contributions indirectes, dont les tarifs n'ont pas été modifiés, et qui figurent pour plus de 16 millions dans cet accroissement, attestent la reprise des affaires et l'amélioration du sort des classes laborieuses.

La paix et l'ordre intérieurs ont porté d'autres fruits.

Les fonds déposés aux caisses d'épargnes depuis le 1er janvier 1849 excèdent les remboursements de 69 millions [1].

Le chiffre du portefeuille de la Banque, qui était tombé successivement au-dessous de 100 millions, s'est élevé, et, le 7 de ce mois, il dépassait 135 millions de francs. En supprimant le

[1] Montant des dépôts au 1er janvier 1849. . . . . 10,976,000 fr.
Id. au 1er novembre 1850 (non compris les fonds de compensation accordés aux anciens déposants). 79,938,000

Augmentation. 68,962,000

cours forcé des billets, vous avez eu raison de compter sur le rétablissement de la confiance : les faits ont pleinement justifié cette grave mesure ; le retour aux statuts primitifs n'a réduit ni l'étendue ni l'importance de la circulation [1].

Si le produit des douanes a éprouvé quelque diminution, la différence provient de causes accidentelles que vous connaissez, et qui sont afférentes aux sels et aux sucres coloniaux ; mais, considéré dans son ensemble, notre commerce international, après une forte dépression en 1848, s'est relevé en 1849 par un mouvement rapide qui continue à progresser. Abstraction faite de l'introduction extraordinaire des céréales qui eut lieu en 1847, nous sommes en avance sur cette année elle-même, tant pour la valeur des marchandises importées et exportées que pour le nombre et le tonnage des navires [2].

[1] Billets de la Banque et des succursales en circulation :
Le 8 août 1850. . . . . 500,144,500 fr.
Le 7 novembre 1850. . 501,475,400

[2] *Mouvement commercial et maritime des neuf premiers mois des années* 1847, 1848, 1849, 1850.

	1847.	1848.	1849.	1850.
Valeur officielle des marchandises importées et exportées (Commerce spécial	(*)792,329,000 f.	689,513,000 f.	910,175,000 f.	939,388,000 f
Nombre total des navires....	(*) 22,039	19,152	22,496	24,093
Tonnage.........	(*) 2,482,000	2,235,000	2,597,000	2,789,000
Navires français (entrée et sortie)...........	10,618	9,238	11,081	11,409

Le recouvrement des contributions directes s'opère avec une exactitude remarquable ; le 30 septembre dernier, un tiers du douzième était en retard.

(*) Déduction faite des céréales.

C'est beaucoup moins que dans les époques les plus prospères [1].

Ces heureux changements dans l'ensemble des faits financiers nous auront permis, de 1849 à 1851, c'est-à-dire dans l'espace de trois années, malgré la réduction de plusieurs taxes importantes, de doter le pays de près de 260 millions de travaux publics, de soulager les dernières classes de patentables, de faire remise de 27 millions à l'agriculture, de solder ponctuellement toutes les dépenses des budgets en déficit, et d'arriver enfin, c'est notre vif désir et notre ferme espoir, à établir la balance entre les charges et les ressources annuelles de l'État. Ces résultats auront été obtenus sans exiger un recours extraordinaire au crédit et sans imposer au trésor des avances exagérées.

Le pays, n'en doutons pas, Messieurs, a le sentiment de cette situation améliorée. Chacun a pu reconnaître que les finances de l'État, qui, l'année dernière, figuraient au premier rang dans les préoccupations de l'opinion publique, sont bien loin aujourd'hui d'inspirer les mêmes appréhensions. Je constate avec satisfaction ce progrès; il est la récompense du bon esprit des populations et des efforts communs du gouvernement et de l'Assemblée; il sera un encouragement pour tous.

Après être sorti du système fâcheux des douzièmes provisoires, le gouvernement a tenu à honneur de rentrer complétement dans la règle. Le budget de 1851 a été voté en temps utile, et celui de 1852 vous sera présenté dès le commencement de l'année prochaine.

[1] *ÉTAT de la situation du recouvrement des Contributions directes des années* 1845 *à* 1850, *à l'époque du* 30 *septembre* 1850.

ANNÉES.	MONTANT DES RÔLES.	MONTANT des RECOUVREMENTS.	PROPORTION DU RETARD EN DOUZIÈMES et fractions de douzièmes.
1845...	415,400,000 f.	255,900,000 f.	61/100 de douzièmes.
1846 ..	418,100,000	260,700,000	70/100 *idem.*
1847...	422,800,000	262,800,000	52/100 *idem.*
1848...	451,000,000	240,400,000	1/12 51/100 *idem.*
1849...	436,900,000	291,400,000	70/100 *idem.*
1850...	431,400,000	288,200,000	55/100 *idem.*

Un perfectionnement, longtemps demandé, vient d'être réalisé dans la comptabilité publique : la durée des exercices a été, par un décret récent, abrégée de deux mois. Favorable à la fois au trésor et à ses créanciers, cette mesure accélérera la liquidation et le payement des dettes de l'État, et rendra plus faciles la formation et le jugement des comptes.

Pour entrer dans les vues de l'Assemblée, l'administration a entrepris et presque terminé la réorganisation de tous les arrondissements de perception. Ce grand travail, qui entraînera la suppression successive, par voie d'extinction, de 1,500 emplois, aura pour résultat une économie considérable.

Trois projets de loi sur des objets dignes de vos méditations ne tarderont pas à vous être soumis.

L'un, conçu dans l'intérêt de l'agriculture, du commerce et de l'industrie, a pour but d'affranchir l'administration des canaux, au moyen du rachat des actions de jouissance, des entraves qui résultent du cahier des charges.

L'autre règle la matière générale des pensions.

Le troisième demande à l'Assemblée les voies et les moyens nécessaires pour opérer, en vue d'une meilleure répartition de l'impôt foncier, une nouvelle évaluation des revenus territoriaux. Nous vous proposerons une combinaison qui, en maintenant le produit actuel de l'impôt, soulagera successivement les départements surchargés, sans aggravation pour les autres.

TRAVAUX PUBLICS.

La réduction des crédits a forcé d'ajourner beaucoup de travaux nécessaires, et de ralentir même l'exécution des plus urgents. Néanmoins, d'importantes sections de chemins de fer ont été, depuis un an, livrées à la circulation.

Le deuxième semestre de 1849 a vu s'ouvrir les stations de :

Paris à Châlons-Sur-Marne ; — Paris à Tonnerre ; — Dijon à Châlon-sur-Saône ; — Saumur à Angers ; — Versailles à Chartres ; — Noyon à Chauny ; — Saint-Pierre à Calais. — Total : 574 kilomètres.

Pendant l'année 1850, se sont ouvertes les sections de :

Châlons-sur-Marne à Vitry ; — Metz à Nancy — Nérondes à Nevers ; — Chauny à Saint-Quentin. — Total 152 kilomètres.

L'année 1851 verra s'ouvrir les sections de :

Vitry à Bar-le-Duc ; — Metz à Saint-Avold ; — Strasbourg à Sarrebourg ; — Tonnerre à Dijon ; — Tarascon à Beaucaire ; — Tours à Poitiers ; — Angers à Nantes ; — et, nous l'espérons, Chartres à la Loupe. — Total : 513 kilomètres.

L'industrie métallurgique est une de celles dont les travaux reprennent le plus lentement. En 1849, les usines à fer ont fabriqué 425,000 tonnes de fonte, valant environ 59 millions, et 275,000 tonnes de gros fer, d'une valeur de 84 millions environ. Aujourd'hui l'activité des établissements métallurgiques semble se ranimer.

On continue, avec le soin le plus persévérant, les études qui ont pour but de mettre à la disposition de l'agriculture les moyens, si précieux pour elle, d'arroser et de dessécher les terres.

La liberté du roulage, que, par un projet de loi récent, nous vous avons proposé d'établir, sera aussi pour l'agriculture, comme pour le commerce, un véritable bienfait.

J'appelle principalement l'attention de l'Assemblée sur la concession du chemin de fer de Lyon. De cette concession dépend la reprise des travaux les plus importants ; car elle permettrait de répartir entre les autres chemins de fer et les autres travaux publics de toute sorte les sommes dont elle dégrèverait le trésor.

Nos intérêts politiques, commerciaux et industriels, exigent l'achèvement le plus prompt possible des lignes de Paris à Marseille, de Paris à Strasbourg, de Paris à Bordeaux, de l'Ouest au Centre.

Or, pour achever ces chemins de fer et nos grands travaux publics en cours d'exécution, le trésor aura encore, au 1er janvier prochain, 585 millions à dépenser.

Savoir :

Pour les chemins de fer .... (dont 230 pour le chemin de Paris à Lyon et pour le chemin de Lyon à Avignon).	430,000,000 fr.
Pour les canaux, et surtout pour achever le canal de la Marne au Rhin et le canal latéral à la Garonne..................	25,000,000
Pour l'amélioration de la navigation de nos rivières	56,000,000
Pour les ports sur le littoral de l'Océan et de la Méditerranée.	54,000,000
Pour les routes [1].	20,000,000
Total.	585,000,000

[1] Pour borner à 20 millions les sommes à allouer aux routes, il faudrait ne consacrer à leur amélioration que ce qui reste du crédit spécial affecté à l'achèvement de leurs lacunes et de leurs rectifications, crédit qui, pourtant, sera tout-à-fait insuffisant, surtout pour les pays de montagnes privés de chemins de fer.

Si tous ces travaux restaient à la charge de l'État, le trésor aurait donc encore 585 millions à dépenser; ils ne pourraient être de longtemps terminés; et, avec une dotation moyenne de 70 millions par année, comme en 1850 et 1851, leur achèvement exigerait encore près de neuf années.

Si le chemin de Lyon est concédé, il en résultera pour le trésor un dégrèvement d'au moins 260 millions [1], ce qui réduira ses charges à 325 millions, et à moins de cinq années le temps nécessaire pour terminer ces grands travaux.

Réduire les charges du trésor de 260 millions; avancer de quatre années l'achèvement de nos routes, de nos canaux, de nos rivières, de nos chemins de fer, ce serait, Messieurs, une grande et utile mesure.

L'Assemblée, je l'espère, sera frappée, comme moi, de l'immense avantage d'une prompte concession du chemin de fer de Paris à Lyon, pour l'ensemble de nos travaux.

AGRICULTURE ET COMMERCE.

Propager les améliorations, porter remède aux souffrances, c'est le devoir de l'administration de l'agriculture et du commerce. La crise qui pèse sur notre agriculture appelait toute sa sollicitude; l'étendue du mal aurait rendu les ressources dont le gouvernement dispose bien insuffisantes, s'il avait voulu en faire une application générale. Il a paru plus utile d'en localiser l'emploi. Des achats de grains opérés pour les services de la guerre et de la marine, sur les marchés où la dépréciation se faisait le plus sentir, ont soulagé ces détresses locales, en rendant aux cours quelque fermeté.

Quoique la récolte des céréales n'ait pas répondu, en 1850, à toutes les espérances qu'elle avait fait naître, elle ne laisse aucune crainte pour l'approvisionnement du pays.

La baisse du prix des grains ne pouvait manquer d'amener une dépréciation correspondante sur les marchés aux bestiaux de boucherie.

[1] Si l'État était obligé de faire le chemin de Paris à Lyon, et celui de Lyon à Avignon, il aurait à y dépenser encore, au 1er janvier prochain, une somme de 230 millions.

Si, au contraire, le chemin de Paris à Lyon, au point où il en est, était concédé à une compagnie, cette concession donnerait un minimum de 80 millions.

De ces 80 millions, 50 serviraient, comme subvention, à assurer la concession du chemin de Lyon à Avignon.

Les 30 millions restant, ajoutés aux 230 qu'on n'aurait plus à dépenser, compléteraient une somme de 260 millions, dont le budget des travaux publics serait dégrévé.

L'administration de l'agriculture ne négligera aucun des moyens qui peuvent favoriser l'élève du bétail. Aussi les concours d'animaux ont-ils reçu cette année de grands développements. Outre les concours locaux, il a été ouvert des concours régionaux à Nîmes, Aurillac, Saint-Lô et Bordeaux, et un concours général à Versailles, plus spécialement réservé à l'amélioration des races. De nombreux cultivateurs, venus à Versailles de tous les points de la France, constataient, il y a peu de jours, l'utilité de cette institution.

La production chevaline, partout en progrès, présente les résultats les plus satisfaisants. L'administration des haras, qui marche avec un ordre et une régularité digne d'éloges, a bien mérité de l'agriculture et de l'armée. Le nombre des chevaux s'est accru dans le pays ; leur valeur s'est relevée.

L'institution des courses a pris elle-même, cette année, une extension considérable : dans l'ensemble du pays une somme de 800,000 fr. leur a été consacrée. Comme la part de l'État ne s'élève qu'à 300,000 fr. dans ce chiffre, on voit que les pouvoirs locaux leur ont prêté un concours puissant

La pratique des procédés agricoles a fait des progrès qui, par leur importance, s'élèvent à la hauteur de véritables révolutions économiques. Dans le courant de la session, le ministère soumettra à l'Assemblée des mesures tendant à développer la pratique des irrigations. Il appellera votre attention sur les procédés de drainage, qui sont en Angleterre l'objet de si larges encouragements. Une loi concernant la police des engrais industriels vous sera proposée. Les méthodes remarquables de culture, de rouissage et de préparation du lin, qui viennent d'être introduits en Angleterre, en Irlande et en Belgique, ne pouvaient non plus trouver le gouvernement indifférent. Il en a fait une étude approfondie dont les résultats vous seront soumis dans l'exposé des motifs d'une loi qui vous sera proposée, pour affranchir de tout droit d'entrée la graine de lin de semence, de la provenance de Riga.

Les notions positives acquises à la science agricole se répandent pour la jeunesse du pays, par l'intermédiaire des écoles régionales et des fermes-écoles ; pour les agriculteurs, par la publication de rapports émanés des hommes les plus compétents.

La situation industrielle du pays s'est généralement améliorée en 1850, même en prenant 1849 comme terme de comparaison. Presque partout l'activité constatée durant le cours de l'année dernière s'est soutenue; souvent elle s'est développée. Les rapports récents des chambres de commerce et des manufactures signalent cet état prospère. L'industrie des draps et tissus de laine, celle des toiles et du coton, les cuirs, les poteries, les verreries, les objets de luxe ont trouvé des débouchés faciles et avantageux. L'industrie des soies a partagé la même activité jusqu'ici.

Si l'industrie métallurgique n'a pu se relever encore, en ce qui concerne la fabrication des produits destinés aux chemins de fer, la construction des machines a pris une extension en rapport avec le mouvement des affaires.

Quelques faits donnent la mesure exacte du progrès accompli.

Dans le premier semestre de 1847, le gouvernement autorisait la création de 92 établissements industriels; en 1848, ce nombre tombe à 68, et même à 45 l'an dernier. Pour le premier semestre de 1850, il est remonté à 87.

Les charges de courtiers et d'agents de change ont repris leur valeur ; les ventes sont, cette année, aussi nombreuses qu'en 1847.

Le conseil d'État va examiner le projet de règlement d'administration publique marquant les exceptions que réclame l'exécution de la loi sur la limitation de la durée du travail à douze heures. Ce projet concilie les besoins constatés de l'industrie avec le respect dû à la loi. Fruit de l'expérience des industriels les plus éminents, il lèvera les difficultés, peu nombreuses d'ailleurs, qu'elle a soulevées.

Deux lois qui intéressent la loyauté des transactions, l'une sur les marques de fabrique, et l'autre sur le dévidage métrique, vous seront soumises dans le cours de la session.

La loi des brevets d'invention de 1844 appelle quelques modifications nécessaires pour assurer aux droits des inventeurs une garantie plus efficace : elles vous seront proposées.

L'Assemblée nationale est saisie de trois projets de loi : l'un présenté le 15 mars 1850, propose de réformer le régime commercial de l'île de la Réunion dans un sens plus libéral et mieux approprié aux nouveaux éléments d'échanges qu'il importe de développer entre notre colonie et les contrées de l'Asie orientale.

Le second projet de loi, préparé par les départements du commerce et de la guerre, et soumis le 1er mai à l'Assemblée, a pour objet de régler sur des bases plus libérales, le régime commercial et économique de l'Algérie. Il doit, dans la pensée du gouvernement, imprimer aux progrès de la colonisation une impulsion décisive.

Enfin, le troisième projet de loi, qui vous a été apporté le

12 juillet, concerne le tarif des sucres. Sans méconnaître les difficultés d'une solution définitive, le gouvernement a pensé qu'en dégrevant, dans une forte proportion, l'impôt qui pèse sur le consommateur, et en remplaçant par une taxe suffisamment protectrice le droit prohibitif qui repousse encore le sucre étranger, il concilierait avec équité l'intérêt populaire qui réclame le sucre à bas prix, avec les intérêts de la production indigène ou coloniale, ceux de la marine marchande et ceux du trésor.

La solution définitive de ces trois questions appartient complétement aujourd'hui au vote de l'Assemblée.

D'autres améliorations sont prêtes : le département du commerce, après s'être éclairé des lumières d'une commission spéciale, a préparé un projet de loi sur l'allocation des primes destinées à l'encouragement des grandes pêches. La loi expire au 31 décembre 1851.

A l'intérieur, par l'ouverture de nouveaux bureaux de douane, par la création de nouveaux entrepôts, par la simplification des formalités de transit, par l'application opportune du régime de l'admission temporaire, l'administration s'est efforcée d'ajouter de nouvelles facilités aux échanges de la France avec l'étranger.

Le département du commerce a pris toutes les mesures nécessaires pour que les produits de l'industrie française figurassent avec honneur à l'exposition universelle qui doit avoir lieu à Londres en 1851.

Dans l'intérêt de notre marine marchande, une enquête, analogue à celle de 1824, sera ouverte prochainement, et permettra de constater tous les besoins. Les armateurs la réclament et le gouvernement la désire. Elle ne demeurera pas stérile.

Parmi les institutions de prévoyance qu'il est dans l'intention et dans la volonté du gouvernement du développer, les sociétés de secours mutuels et la caisse des retraites fondées par l'État se placent au premier rang.

Une enquête, qui se poursuit avec activité, rendra compte du nombre de sociétés de secours mutuels déjà existantes en France et des services qu'elles rendent. Elle amènera la formation d'une table exacte des chances de maladie correspondantes à chaque âge. En attendant, rien n'est négligé pour provoquer la création de ces institutions sur des bases en rapport avec la pensée du législateur, et le gouvernement peut se féliciter du concours que lui ont prêté dans cette circonstance tous les chefs d'industrie, et en particulier ceux de Lyon et de Mulhouse, qui ont donné le plus noble exemple.

Les mesures quarantenaires fournissent au gouvernement les moyens de garantir la santé publique des dangers du dehors.

Mais leur exagération entraîne des entraves pour la liberté de nos relations internationales. Les principes restrictifs sur la matière, admis par les puissances étrangères, causent de grands dommages au commerce français, sans réciprocité possible de notre part, nos règlements étant généralement dictés par un esprit libéral. Un accord entre les grandes puissances qui ont des ports sur la Méditerranée ferait cesser les entraves et les pertes de temps et d'argent qui en résultent. Tous nos efforts tendent à l'obtenir.

JUSTICE.

L'Assemblée nationale est encore saisie de trois projets de lois essentielles :

Sur l'organisation judiciaire;

Sur l'assistance judiciaire;

Sur les hypothèques.

La première remplit une des obligations imposées par la Constitution. Les deux autres réalisent des promesses contenues dans le Message du 16 juin 1849.

Mais la loi sur les hypothèques ne suffirait pas à l'établissement du crédit foncier; elle donne de la solidité au gage territorial, mais elle accélère fort peu la liquidation et ne fait pas cesser les plaintes unanimes qui accusent de lenteur le règlement des créances hypothécaires.

L'administration de la justice, pour compléter son œuvre, a préparé un nouveau projet de loi sur la distribution, par voie d'*ordre*, du prix des immeubles, en conciliant, autant qu'elle a pu le faire, la promptitude avec la sécurité.

L'attention de l'Assemblée nationale sera appelée, en même temps, sur des projets de loi relatifs à la réhabilitation des condamnés, soit à la répression des crimes et délits commis à l'étranger par des Français, soit à quelques autres parties importantes de notre législation pénale.

Six mille condamnés, renfermés dans nos bagnes de Toulon, de Brest et de Rochefort, grèvent notre budget d'une charge énorme, se dépravent de plus en plus et menacent incessamment la société. Il a semblé possible de rendre la peine des travaux forcés plus efficace, plus moralisatrice, moins dispendieuse, et, en même temps, plus humaine, en l'utilisant aux progrès de la colonisation française. Un projet de loi vous sera présenté sur cette question.

On proposera, en même temps, de rendre plus utile et plus réelle la surveillance à laquelle sont assujettis les malfaiteurs que la justice a frappés d'une peine afflictive et infamante.

Le nombre des délits et crimes commis chaque année atteste combien est indispensable l'amélioration de notre législation répressive. Or, ces modifications, qui préparent la réforme pénitentiaire, la rendront moins dispendieuse et diminueront la fréquence des récidives. Elles contribueront aussi à l'œuvre de justice et de moralisation que la magistrature continue avec un dévouement si impartial et une si vigilante fermeté.

INSTRUCTION PUBLIQUE ET CULTES.

L'article 9 de la Constitution prescrivait d'introduire dans l'enseignement la liberté de la concurrence sous certaines conditions de capacité et de moralité, et sous la surveillance de l'État. Deux mesures ont préparé la loi qui a opéré cette réforme radicale : la première est l'abolition du certificat d'études ; la seconde, la loi transitoire concernant la nomination et la révocation des instituteurs primaires. L'une de ces mesures a mis un terme à d'anciennes et vives réclamations ; l'autre, d'après les rapports unanimes des préfets, a porté les plus heureux fruits.

La loi importante du 15 mars 1850 entraînait un remaniement considérable du personnel ainsi que des règlements nouveaux. Plusieurs mois ont été consacrés à ce double travail. Le premier est presque achevé. Divers décrets, élaborés avec le concours du Conseil d'Etat, ont pourvu aux exigences réglementaires les plus pressantes. D'autres projets sont à l'étude. Tout annonce qu'en général les dispositions de la nouvelle loi réaliseront les espérances du gouvernement et de l'Assemblée.

L'administration des cultes a obtenu du Saint-Siége, après de lentes négociations, une mesure réclamée depuis longtemps : l'érection de trois évêchés coloniaux et la nomination de trois prélats pour la Martinique, la Guadeloupe et l'île de la Réunion.

Dans le même consistoire, le souverain pontife a proclamé trois nouveaux cardinaux accordés à l'Église de France comme un témoignage éminent de reconnaissance envers notre pays, et d'estime pour l'épiscopat français.

GUERRE.

L'effectif de l'armée de terre, qui, au mois de juin 1849, s'élevait à 451,000 hommes et 93,754 chevaux, n'est plus aujourd'hui que de 396,000 hommes et de 87,400 chevaux, et bientôt il rentrera complétement dans les limites budgétaires où il sera maintenu, si les circonstances politiques nous le permettent. Son organisation ne sera définitive qu'après l'adoption des projets de loi des cadres soumis le 19 juin dernier. Divers essais ne sont pas moins tentés ou à l'étude pour augmenter le bien-être du soldat, diminuer les non-valeurs dans les corps et modifier le contrôle administratif.

J'appelle de nouveau vos méditations sur les projets de loi qui vous sont présentés et qui peuvent améliorer la position des officiers, sous-officiers et soldats.

L'Algérie avait beaucoup souffert des événements politiques de 1848. La diminution notable qu'a éprouvée l'effectif de nos troupes n'a pas empêché notre brave armée de faire face à tous les dangers. Zaatcha, pris après des prodiges de valeur, Bouçada soumis, consolident notre domination et permettent de poursuivre l'œuvre de pacification.

Dans la province de Constantine, une colonne parcourt, aux mois de mai et de juin, le pays conquis entre Sétif et Bougie; les Beni-Immel sont culbutés par le brave et infortuné général de Barral, et, quelques jours après, les Beni-Meraïl. Dans le sud, l'Aurès a été visité plusieurs fois par nos troupes; la soumission des Nememcha assure à nos marchés un approvisionnement important, et la nouvelle organisation de ces contrées nous ouvre une voie dans l'intérieur de l'Afrique.

La tranquillité de la province d'Alger permet la continuation des travaux commencés; les populations ont beaucoup souffert de la disette; l'autorité militaire est venue à leur secours par tous les moyens possibles.

La tranquillité a été maintenue dans la province d'Oran; partout, grâce à l'intelligence des officiers de nos bureaux arabes, les indigènes apprécient chaque jour davantage la justice de notre administration.

L'œuvre de la colonisation se continue; les 42 colonies agricoles, distribuées dans nos trois provinces, pourront former, avec le temps, de beaux établissements. Une population européenne de 115,000 habitants, répandus dans 133 villes ou villages, 11,000 colons concessionnaires ayant élevé des constructions dont la valeur actuelle est de 14 millions, attestent un progrès qui, je l'espère, ne se ralentira pas.

Nos voies de communication comprennent une étendue de 5,350 kilomètres.

L'insalubrité disparaît chaque jour; près de 8,000 hectares de marais ont été desséchés. En même temps la fécondité s'est accrue par le creusement de 250,000 mètres de canaux d'irrigation et de 75,000 rigoles; 116,000 mètres d'aqueducs ou de conduits amènent les eaux dans nos villes. Enfin, près de 900 édifices de toute nature ont été élevés jusqu'à ce jour.

Les importants travaux du port d'Alger se continuent avec activité

L'administration est arrivée à la connaissance d'une quantité considérable de gisements minéralogiques qui contribueront prochainement à la richesse de l'Algérie et de la métropole.

La culture du tabac, du mûrier, du nopal à cochenilles, du coton, de la garance, prend de grands développements; le commerce des laines s'élève déjà à 36 millions, celui des peaux à 24 millions.

Enfin, d'immenses travaux de défense, des casernes pour 40,000 hommes, des hôpitaux pour 5,000 malades, garantissent la sûreté de notre conquête et le bien-être de notre armée, aux fatigues incessantes de laquelle revient la plus grande part dans tous les travaux dont nous venons de parler.

L'État ne négligera rien pour arriver à la prospérité de la colonie.

MARINE.

La marine a été maintenue sur un pied respectable, malgré les réductions commandées par le budget.

Les étrangers ont rendu hommage à la belle organisation de notre flotte réunie à Cherbourg.

Cependant notre force maritime ne se compose que de 125 bâtiments, au lieu de 235 que nous avions en activité en 1848. Elle emploie 22,561 hommes, au lieu de 29,331 portés sur les cadres de la même année.

L'effectif actuel ne suffit qu'imparfaitement à la protection des intérêts français engagés sur tous les points du globe.

L'esprit de nos marins est excellent, leur dévouement à toute épreuve.

Les ouvriers de nos arsenaux, éclairés par l'expérience, ont repris leurs travaux avec activité, et nous en pouvons signaler d'importants :

A Cherbourg, la digue, le nouvel arsenal, le fort des Flamands, le creusement de l'arrière-bassin;

A Toulon, le curage de la rade, dont la cinquième partie est déjà terminée;

A Oléron, l'élévation du fort Bayard pour protéger la rade de l'île d'Aix;

A Port-Vendres, tout ce qui est nécessaire pour offrir un sûr refuge à la flotte;

A Marseille, le nouveau bassin.

En attendant les résultats de l'enquête, l'administration a dû différer toute réforme radicale dans les diverses branches de l'administration si complexe du département de la marine.

Cependant, par décret du 16 janvier 1850, le conseil d'amirauté a été constitué de manière à assurer à tous les corps de la marine les garanties données aux officiers de la flotte.

Le régime pénal de la marine a été soumis à une révision approfondie : cet important travail, réclamé depuis longtemps par les marins et les jurisconsultes, vous sera soumis dans un temps peu éloigné.

L'ordonnance sur le service à la mer va recevoir incessamment des modifications qui ajouteront les progrès accomplis aux principes immuables de la discipline.

Dans les colonies des Antilles, après des désastres dont le résultat n'a pas été aussi funeste qu'on pouvait le redouter, si l'on considère la gravité de la brusque épreuve de transformation sociale qu'elles ont subie, le calme est rétabli et le gouvernement est fermement résolu à le maintenir par une administration énergique, qu'il saura concilier avec l'apaisement des divisions de castes.

La décroissance sensible de la production est un fait incontestable, mais qui peut s'expliquer en partie par l'effet des saisons et par la situation gênante des propriétaires, sans qu'il faille encore en rien conclure de défavorable à l'avenir du travail libre. Rien n'est négligé pour améliorer la situation morale et matérielle dans nos possessions coloniales. Organisation, politique, justice, administration, banques, colonisation, tout a été soumis à l'examen d'hommes éminents, et deviendra l'objet de plusieurs projets de loi successifs.

Notre colonie de la Réunion, exempte de troubles, n'aurait pas vu décroître sa remarquable prospérité, si deux ouragans successifs n'y avaient porté assez récemment la dévastation.

Sur la côte occidentale d'Afrique, notre commerce se signale par des progrès auxquels prennent une part intéressante nos établissements du Sénégal, de Gorée, et nos comptoirs échelonnés jusqu'à l'équateur.

A Taïti, le maintien de notre protectorat conserve, dans l'Océanie, un point d'appui pour nos missions, ainsi que pour notre marine militaire et marchande.

AFFAIRES ÉTRANGÈRES.

Depuis mon dernier Message, notre politique extérieure a obtenu en Italie un grand succès. Nos armes ont renversé à Rome cette démagogie turbulente qui, dans toute la péninsule italienne, avait compromis la cause de la vraie liberté, et nos braves soldats ont eu l'insigne honneur de remettre pie IX sur le trône de Saint-Pierre. L'esprit de parti ne parviendra pas à obscurcir ce fait mémorable qui sera une page glorieuse pour la France. Le but constant de nos efforts a été d'encourager les intentions libérales et philanthropiques du Saint-Père. Le pouvoir pontifical poursuit la réalisation des promesses contenues dans le *motu proprio* du mois de septembre 1849. Quelques-unes des lois organiques ont déjà été publiées, et celles qui doivent compléter l'ensemble de l'organisation administrative et militaire dans les États de l'Église ne tarderont pas à l'être. Il n'est pas inutile de dire que notre armée, nécessaire encore au maintien de l'ordre à Rome, l'est aussi à notre influence politique, et, après s'y être illustrée par son courage, elle s'y fait admirer par sa discipline et sa modération.

Sur les points divers où notre diplomatie a eu à intervenir, elle a noblement maintenu la dignité de la France, et nos alliés n'ont jamais en vain réclamé notre appui.

C'est ainsi que, de concert avec l'Angleterre, nous avons envoyé des forces navales dans le Levant, afin de montrer notre loyale sympathie pour l'indépendance de la Porte, qui pensait que la Russie et l'Autriche voulaient y porter atteinte en demandant, en vertu d'anciens traités l'extradition des sujets hongrois et polonais réfugiés sur le territoire turc. Grâce à la sagesse que ces puissances ont apportée dans les négociations, l'intégrité des droits de l'empire ottoman a été sauvegardée.

En Grèce, dès que nous avons appris les voies de fait par lesquelles l'Angleterre appuyait ses réclamations, nous sommes intervenus par nos bons offices. La France ne pouvait rester indifférente au sort d'une nation à l'indépendance de laquelle elle avait tant contribué. Elle n'hésita pas à offrir sa médiation. Malgré les difficultés élevées durant le cours des négociations, nous parvînmes à adoucir les conditions imposées au gouvernement d'Athènes, et nos relations avec la Grande-Bretagne reprirent de suite leur caractère accoutumé.

En Espagne, nous avons vu avec plaisir les liens qui unissent les deux pays se resserrer par la sympathie mutuelle des deux gouvernements. Aussi, dès que le gouvernement français apprit la criminelle attaque dirigée par des aventuriers contre l'île de Cuba, nous envoyâmes de nouvelles forces au commandant de la station des Antilles, avec injonction d'unir ses efforts à ceux des autorités espagnoles pour prévenir le retour de semblables tentatives.

Le Danemark excite toujours notre plus vive sollicitude. Cet ancien allié, qui eut tant à souffrir de sa fidélité à la France, lors de nos désastres, n'a pas encore, malgré la bravoure de son armée, dompté l'insurrection qui a éclaté dans le duché de Holstein. L'armistice du 18 juillet 1849 avait été reconnu par l'intérim de Francfort, qui avait chargé la Prusse de traiter au nom de l'Allemagne. Après de laborieuses négociations, un traité fut signé le 2 juillet, sous la médiation de l'Angleterre, entre le Danemark et la Prusse. Ce traité, ratifié d'abord par le cabinet de Berlin et ses alliés, vient de l'être par l'Autriche et les puissances représentées à l'assemblée de Francfort. Pendant que ces négociations se poursuivaient en Allemagne, les puissances amies du Danemark ouvraient des conférences à Londres, à l'effet de sauvegarder l'intégrité des États du roi de Danemark telle qu'elle a été garantie par les traités. Si les démarches des puissances alliées n'ont point encore réussi à mettre un terme à la lutte engagée dans le nord de l'Allemagne, elles ont au moins obtenu l'heureux résultat d'amoindrir les proportions de la guerre, qui n'existe plus aujourd'hui qu'entre le roi de Danemark et les provinces insoumises.

Nous insisterons encore auprès du roi de Danemark, afin qu'il assure, par des institutions, les droits des duchés; d'un autre côté, nous lui donnerons tout l'appui qu'il est en droit d'exiger de nous en vertu des traités et de notre ancienne amitié.

Au milieu des complications politiques qui divisent l'Allemagne, nous avons observé la plus stricte neutralité. Tant que les intérêts français et l'équilibre de l'Europe ne seront pas compromis, nous continuerons une politique qui témoigne de notre respect pour l'indépendance de nos voisins.

Aussitôt après le vote de l'Assemblée nationale sur le subside de Montevideo, le Gouvernement reprit à Buenos-Ayres les négociations pendantes. Il s'agissait de faire apporter aux traités conclus en 1849 les modifications jugées indispensables pour garantir efficacement l'indépendance de la république Orientale, protéger les intérêts français sur l'Uruguay et sauvegarder l'honneur national. Nous espérons terminer utilement et honorablement les complications regrettables qui, depuis si longtemps, ont interrompu les bonnes relations entre la France et les républiques de la Plata.

Nos relations commerciales et maritimes avec les pays étrangers se consolident et se développent.

Le gouvernement anglais a étendu de fait, dès le 1er janvier 1850, au pavillon français, le bénéfice des dispositions du nouvel acte de navigation du 26 juin 1849. Il vient, tout récemment, de supprimer les taxes différentielles pour l'exportation des houilles.

Nous espérons que les négociations aujourd'hui pendantes, pour le nouveau traité de navigation et de commerce avec la Grande-Bretagne, aboutiront prochainement à un arrangement conforme aux intérêts des deux pays.

Le traité conclu avec la Belgique, le 7 novembre 1849, est en vigueur depuis un an à peine, et déjà les deux pays en ont recueilli les résultats les plus avantageux.

Quelques difficultés de détail, relatives aux articles additionnels de la convention avec le Chili, sanctionnée par la loi du 15 mars 1850, en retardent l'exécution; elles seront bientôt levées.

Une nouvelle convention a été signée à Paris, le 3 août dernier, entre la France et la Bolivie; elle sera soumise à la sanction législative après l'approbation du gouvernement bolivien.

Les négociations activement suivies avec le cabinet de Turin, pour le renouvellement de la convention du 27 août 1843, viennent d'être terminées par un traité de commerce et de navigation.

L'abus, trop longtemps toléré, de la contrefaçon littéraire et artistique est le sujet de nombreuses négociations. La plupart des cabinets auxquels ont été proposés des arrangements internationaux, pour mettre un terme à cet abus, les ont accueillis du moins en principe. Déjà même, la Sardaigne vient de signer avec la France, pour la garantie réciproque de la propriété littéraire et artistique, une convention qui donnera plus d'effet aux traités de 1843 et 1846.

Je puis donc dire sans présomption : la position de la France, en Europe, est digne et honorable. Partout où sa voix se fait entendre, elle conseille la paix, protége l'ordre et le bon droit; partout aussi elle est écoutée.

RÉSUMÉ.

Tel est, Messieurs, l'exposé rapide de la situation de nos affaires. Malgré la difficulté des circonstances, la loi, l'autorité ont recouvré à tel point leur empire, que personne ne croit désormais au succès de la violence. Mais aussi, plus les craintes sur le présent disparaissent, plus les esprits se livrent avec entraînement aux préoccupations de l'avenir. Cependant, la France veut avant tout le repos. Encore émue des dangers que la société a courus, elle reste étrangère aux querelles de partis ou d'hommes, si mesquines en présence des grands intérêts qui sont en jeu.

J'ai souvent déclaré, lorsque l'occasion s'est offerte d'exprimer publiquement ma pensée, que je considérais comme de grands coupables ceux qui, par ambition personnelle, compromettaient le peu de stabilité que nous garantit la Constitution. C'est ma conviction profonde, elle n'a jamais été ébranlée. Les ennemis seuls de la tranquillité publique ont pu dénaturer les plus simples démarches qui naissent de ma position.

Comme premier magistrat de la République, j'étais obligé de

me mettre en relation avec le clergé, la magistrature, les agriculteurs, les industriels, l'administration, l'armée, et je me suis empressé de saisir toutes les occasions de leur témoigner ma sympathie et ma reconnaissance pour le concours qu'ils me prêtent; et surtout, si mon nom, comme mes efforts, a concouru à raffermir l'esprit de l'armée, de laquelle je dispose seul, d'après les termes de la Constitution, c'est un service, j'ose le dire, que je crois avoir rendu au pays, car j'ai toujours fait tourner au profit de l'ordre mon influence personnelle.

La règle invariable de ma vie politique sera, dans toutes les circonstances, de faire mon devoir, rien que mon devoir.

Il est aujourd'hui permis à tout le monde, excepté à moi, de vouloir hâter la révision de notre loi fondamentale. Si la Constitution renferme des vices et des dangers, vous êtes tous libres de les faire ressortir aux yeux du pays. Moi seul, lié par mon serment, je me renferme dans les strictes limites qu'elle a tracées.

Les conseils généraux ont en grand nombre émis le vœu de la révision de la Constitution. Ce vœu ne s'adresse qu'au pouvoir législatif. Quant à moi, élu du peuple, ne relevant que de lui, je me conformerai toujours à ses volontés légalement exprimées.

L'incertitude de l'avenir fait naître, je le sais, bien des appréhensions, en réveillant bien des espérances. Sachons tous faire à la patrie le sacrifice de ces espérances, et ne nous occupons que de ses intérêts. Si, dans cette session, vous votez la révision de la Constitution, une constituante viendra refaire nos lois fondamentales et régler le sort du pouvoir exécutif. Si vous ne la votez pas, le peuple, en 1852, manifestera solennellement l'expression de sa volonté nouvelle. Mais quelles que puissent être les solutions de l'avenir, entendons-nous, afin que ce ne soit jamais la passion, la surprise ou la violence qui décident du sort d'une grande nation. Inspirons au peuple l'amour du repos, en mettant du calme dans nos délibérations; inspirons lui la religion du droit, en ne nous en écartant jamais nous-mêmes; et alors, croyez-le bien, le progrès des mœurs politiques compensera le danger d'institutions créées dans des jours de défiances et d'incertitudes.

Ce qui me préoccupe surtout, soyez-en persuadés, ce n'est pas de savoir qui gouvernera la France en 1852; c'est d'employer le temps dont je dispose, de manière à ce que la transition, quelle qu'elle soit, se fasse sans agitation et sans trouble.

Le but le plus noble et le plus digne d'une âme élevée n'est point de rechercher, quand on est au pouvoir, par quels expédients on s'y perpétuera, mais de veiller sans cesse aux moyens de consolider, à l'avantage de tous, les principes d'autorité et de morale qui défient les passions des hommes et l'instabilité des lois.

Je vous ai loyalement ouvert mon cœur ; vous répondrez à ma franchise par votre confiance, à mes bonnes intentions par votre concours, et Dieu fera le reste.

Recevez, Messieurs, l'assurance de ma haute estime.

LOUIS-NAPOLÉON BONAPARTE.

Élysée-National, 12 novembre 1850.

4e Message (24 *janvier* 1851).

A L'ASSEMBLÉE LÉGISLATIVE.

Le 19 janvier, l'Assemblée adopta l'ordre du jour de M. Sainte-Beuve, impliquant un blâme de la politique du Président ; le ministère composé de MM. Baroche, Rouher, Fould, général de la Hitte, général de Schramm, de Parieu, Dumas, l'amiral Romain-Desfossés et Bineau, donna sa démission qui fut acceptée. MM. Brénier, Vaïsse, de Germiny, de Royer, général Randon, contre-amiral Vaillant, Giraud, Magne et Schneider, entrèrent dans le nouveau ministère ; leur nomination parut au *Moniteur*, précédée du message suivant.

Monsieur le Président,

L'opinion publique, confiante dans la sagesse de l'Assemblée et du gouvernement, ne s'est pas émue des derniers incidents. Néanmoins la France commence à souffrir d'un désacord qu'elle déplore.

Mon devoir est de faire ce qui dépendra de moi pour en prévenir les résultats fâcheux.

L'union des deux pouvoirs est indispensable au repos du pays ; mais comme la Constitution les a rendus indépendants, la seule condition de cette union est une confiance réciproque.

Pénétré de ce sentiment, je respecterai toujours les droits de l'Assemblée, en maintenant intactes les prérogatives du pouvoir que je tiens du peuple.

Pour ne point prolonger une dissidence pénible, j'ai accepté, après le vote récent de l'Assemblée, la démission d'un ministère qui avait donné au pays et à la cause de l'ordre des gages éclatants de son dévouement. Voulant toutefois reformer un cabinet avec des chances de durée, je ne pouvais prendre ses éléments dans une majorité née de circonstances exceptionnelles, et je me suis vu à regret dans l'impossibilité de trouver une combinaison parmi les membres de la minorité, malgré son importance.

Dans cette conjecture, et après de vaines tentatives, je me suis résolu à former un ministère de transition, composé d'hommes spéciaux, n'appartenant à aucune fraction de l'Assemblée, et décidés à se livrer aux affaires sans préoccupation de parti. Les hommes honorables qui acceptent cette tâche patriotique auront des droits à la reconnaissance du pays.

L'administration continuera donc comme par le passé. Les préventions se dissiperont au souvenir des déclarations solennelles du message du 12 novembre. La majorité réelle se reconstituera; l'harmonie sera rétablie sans que les deux pouvoirs aient rien sacrifié de la dignité qui fait leur force.

La France veut, avant tout, le repos, et elle attend de ceux qu'elle a investis de sa confiance une conciliation sans faiblesse, une fermeté calme, l'impassibilité dans le droit.

Agréez, monsieur le Président, l'assurance de mes sentiments de haute estime.

LOUIS-NAPOLÉON BONAPARTE.

5e Message (*4 novembre* 1851).

A L'ASSEMBLÉE LÉGISLATIVE.

Messieurs les Représentants,

Je viens, comme chaque année, vous présenter le compte sommaire des faits importants qui se sont accomplis depuis le dernier Message. Toutefois je crois devoir passer sous silence, les événements qui, malgré moi, ont pu produire certains dissentiments toujours regrettables.

La paix publique, sauf quelques agitations partielles, n'a pas été troublée; et même, à plusieurs époques où les difficultés politiques étaient de nature à affaiblir le sentiment de la sécurité et à exciter les alarmes, le pays, par son attitude paisible, a montré dans le Gouvernement une confiance dont le témoignage m'est précieux.

Il serait néanmoins imprudent de se faire illusion sur cette apparence de tranquillité. Une vaste conspiration démagogique s'organise en France et en Enrope. Les sociétés secrètes cherchent à étendre leurs ramifications jusque dans les moindres communes; tout ce que les partis renferment d'insensé, de violent, d'incorrigible, sans être d'accord sur les hommes ni sur les choses, s'est donné rendez-vous en 1852, non pour bâtir, mais pour renverser.

Votre patriotisme et votre courage, à l'égal desquels je m'efforcerai de marcher, épargneront, je n'en doute pas, à la France, les périls dont elle est menacée; mais, pour les conjurer, envisageons-les sans crainte comme sans exagération, et tout en étant convaincus que, grâce à la force de l'administration, au zèle éclairé de la magistrature, au dévouement de l'armée, la France ne saurait périr, réunissons tous nos efforts afin d'enlever au génie du mal jusqu'à l'espoir d'une réussite momentanée.

Le meilleur moyen d'y parvenir m'a toujours paru l'application de ce système qui consiste, d'un côté, à satisfaire largement les intérêts légitimes; de l'autre, à étouffer, dès leur apparition, les moindres symptômes d'attaque contre la religion, la morale, la société.

Aussi, procurer du travail en concédant à des compagnies nos grandes lignes de chemins de fer, et, avec l'argent que l'État retirera de ces concessions; donner une vive impulsion aux autres travaux dans tous les départements; encourager les institutions destinées au développement du crédit agricole ou commercial; venir, par des établissements de bienfaisance, au secours de toutes les misères, telle a été et telle doit être encore notre première sollicitude; et c'est en suivant cette marche qu'il sera plus facile de recourir à la répression, lorsque le besoin s'en fera sentir.

INTÉRIEUR.

Dans la plus grande partie de la France, les mesures ordinaires ont suffi pour rassurer l'ordre; mais l'état de siége, maintenu dans la 6e division militaire, a dû être étendu au département de l'Ardèche, ensanglanté par des collisions fréquentes, et plus récemment encore, aux départements du Cher et de la Nièvre, effrayés d'un commencement de jacquerie.

A Lyon a été organisée une police forte et unique qui embrasse douze villes ou communes suburbaines que la loi a comprises sous la dénomination d'agglomération lyonnaise.

Les réfugiés politiques entrent dans les affiliations dangereuses; quelques-uns ont dû être expulsés, mais l'hospitalité a continué de s'étendre à un très-grand nombre.

Une somme de plus de 486,000 fr. a été répartie entre 2,080 réfugiés.

Les vices de l'organisation municipale ressortent de la nécessité où s'est trouvé le Gouvernement de révoquer, en un an, sur l'avis conforme du Conseil d'État, 401 fonctionnaires électifs, dont 278 maires et 123 adjoints.

La dissolution des conseils municipaux s'est élevée à 126; celle des gardes nationales à 130.

Quoique le maintien de la sécurité et l'application des mesures sévères soient dévolus principalement au ministère de l'intérieur et réclament avant tout son action, son zèle éclairé n'a rien épargné pour qu'elle s'étendît en même temps à tous les moyens de stimuler le travail, cette première condition du bien-être et de la tranquillité.

Ainsi l'administration municipal de Paris a adopté deux vastes projets qui, en même temps, offrent l'avantage de faciliter l'approvisionnement de la capitale et de l'embellir : je veux dire la construction des halles et le prolongement de la rue de Rivoli.

L'impulsion s'est bientôt communiquée de Paris aux départements, qui ont affecté des sommes considérables à des travaux utiles.

La science et les arts ont reçu de notables encouragements, et les sommes importantes votées pour la restauration de plusieurs monuments historiques ont reçu leur application.

Deux projets de loi demandent une solution prompte : l'un a pour objet de déterminer les indemnités dues aux citoyens qui ont éprouvé des dommages matériels lors des événements de février et de juin; l'autre est relatif à la réorganisation du travail dans les prisons.

Il est encore un projet de loi dont je vous avais parlé dans mon précédent Message, et auquel j'attache la plus grande importance; c'est celui qui a pour but de venir au secours des vieux débris des armées de la République et de l'Empire. Des circonstances indépendantes de ma volonté en ont jusqu'ici empêché la présentation. J'espère que bientôt vous pourrez l'accueillir avec faveur; car, je vous prie de ne point l'oublier, il y a, sur tous les points du territoire, des hommes couverts de blessures qui se sont sacrifiés à la défense de la patrie et qui attendent avec anxiété qu'on leur vienne en aide. Pour eux le temps presse : l'âge et la misère les accablent.

FINANCES.

La situation est aussi favorable que le comportent les engagements du passé et les incertitudes politiques de l'avenir.

Le compte de 1849, qui vous a été soumis, fait connaître le solde définitif de cet exercice : le déficit qu'il laisse à la charge du trésor ne dépasse pas le chiffre indiqué par le Message du 12 novembre dernier.

Le décret qui abrége de deux mois la durée des exercices, a été appliqué aux recettes et aux dépenses de 1850 ; de sorte que, dès aujourd'hui, il est facile d'apprécier le découvert. Il restera, nous sommes heureux de pouvoir l'annoncer, au-dessous des prévisions de la commission du budget et même de celles de l'administration.

Le budget de 1851 est en cours d'exécution, et les résultats définitifs qu'il présentera dépendront beaucoup du produit des revenus pendant les derniers mois. Jusqu'à ce jour, le recouvrement des impôts offre un résultat rassurant.

Les contributions directes continuent à être acquittées avec exactitude. Leur rentrée présente une amélioration réelle sur la situation de l'année dernière, qui était déjà favorable.

Les impôts indirects se ressentent du défaut de confiance dans l'avenir, sans néanmoins que jusqu'ici il se soit produit aucune diminution sur l'ensemble des recettes prévues au budget.

La perte qu'ont éprouvée quelques branches du revenu, notamment les droits d'enregistrement, est compensée par l'élévation du chiffre des taxes de consommation, ce qui constate le bien-être et l'activité des classes les plus nombreuses.

La diminution du produit des douanes [1] ne révèle aucun sym-

[1] *Mouvement des importations et des exportations pendant les années* 1848, 1849 *et* 1850.

(Valeurs actuelles.)

ANNÉES.	IMPORTATIONS.	EXPORTATIONS.	EXCÉDANT par année * des valeurs à l'exportation sur les valeurs à l'importation.
1848.........	474,259,753	689,994,719	215,734,966
1849.........	724,118,975	937,949,592	213,830,617
1850.........	790,666,634	1,068,122,198	277,455,564
Total pendant les trois années.	1,989,045,362	2,696,066,509	707,021,147

(*) D'après le résultat des neuf premiers mois de 1851, cet excédant sera, pour cette année, égal et même supérieur à celui de 1850.

ptôme fâcheux ; compensée, en ce qui concerne les sucres coloniaux, par l'accroissement des perceptions sur les sucres indigènes, elle s'explique pour d'autres objets par les effets de la loi du 11 janvier dernier, qui a réglé les rapports économiques de l'Algérie et de la France, et dont les bienfaits pour nos possessions d'Afrique s'augmenteront par l'institution récente d'un établissement de crédit. Rien dans ces résultats prévus qui ne soit conforme aux intérêts généraux du pays. Le progrès soutenu de nos exportations en tout genre est venu balancer pour nos industries le ralentissement du marché intérieur. Le chiffre élevé qu'elles ont atteint dans les dernières années, comparé au chiffre des importations, explique l'affluence des métaux précieux dans notre pays. Cet accroissement des exportations est d'autant mieux assuré dans l'avenir, qu'il repose sur la marche progressive de la civilisation.

En résumé, le budget de 1851 présentera des résultats à peu près conformes aux prévisions.

Les travaux publics extraordinaires, exécutés en 1850 et 1851, s'élèvent à la somme de 172 millions. Les découverts de ces deux années sont loin d'atteindre cette somme, et la dépense des travaux publics ne restera que pour une partie à la charge de l'avenir.

La paix et l'ordre ont surtout pour heureux effet d'améliorer la situation des classes laborieuses, et cette amélioration est attestée par les mouvements des fonds des caisses d'épargne. Les dépôts de cette nature ont augmenté pendant l'année 1850, et pendant les six premiers mois de 1851, avec une rapidité telle, qu'à aucune époque on ne pourrait signaler un semblable accroissement. Mais cet état de choses avait des dangers, et l'Assemblée, de concert avec le Gouvernement, a cherché à les prévenir en conciliant, par la loi du 30 juin dernier, les intérêts de ces institutions justement populaires et ceux de l'État.

Cette loi commence à recevoir son exécution et les premiers faits constatés indiquent que ses avantages ont été compris par la masse si nombreuse et si intéressante des déposants.

Une autre loi a concédé les paquebots-postes de la Méditerranée à l'industrie particulière.

Il est désirable que des concessions semblables permettent d'étendre nos relations de commerce et de correspondance avec les pays transatlantiques. L'administration se préoccupe de ces questions et étudie les moyens de les résoudre.

Le ministre des finances, usant de l'autorisation qui lui avait été donnée, a négocié les rentes provenant de la liquidation des caisses d'épargne.

Si l'on tient compte des circonstances au milieu desquelles l'opération s'est accomplie, on ne saurait méconnaître que la négociation s'est faite à un taux très-avantageux.

Vous y trouverez la preuve que, lorsque les préoccupations politiques auront cessé de peser sur l'état de nos finances, il sera facile, si vous le jugez nécessaire, d'avoir recours au crédit, à des conditions favorables au trésor.

TRAVAUX PUBLICS.

L'importance commerciale, politique et militaire des chemins de fer devient de jour en jour plus évidente. Dans l'entraînement général, ne pas avancer nous-mêmes, ce serait reculer. Le gouvernement l'a compris, et la réduction des crédits ne l'a pas empêché de poursuivre avec la plus grande activité l'achèvement des travaux sur la ligne principale de Paris à Strasbourg et sur l'embranchement de Metz à la frontière prussienne.

Quatre sections, formant ensemble une étendue de 210 kilomètres, auront été inaugurées en 1851 ; et dans le premier semestre de l'année prochaine, la ligne entière de l'est pourra être livrée au public.

Plus de cent kilomètres ont été ajoutés à chacune des lignes de Paris à Bordeaux et de Paris à Lyon. Celle de Tours à Nantes est complète.

En résumé la longueur totale des sections ouvertes à la circulation, en 1851, dépasse 500 kilomètres, et les travaux ont été assez avancés sur les autres sections pour permettre d'ajouter à notre réseau 330 kilomètres en 1852 [1].

Un chemin de ceinture est reconnu nécessaire pour relier les têtes de lignes des principaux chemins de fer qui partent de la capitale.

Vous avez fixé d'urgence au 10 novembre prochain la discussion des deux projets de loi relatifs au chemin de fer de Paris à

[1] Sections ouvertes en 1851 :

Sur la ligne de Strasbourg.	210 kilog.
— Lyon. . . . . ,	118
— Bordeaux.	101
— Nantes.	87
Total.	516

Sections à ouvrir en 1852 :

Sur la ligne de Strasbourg.	161
— Bordeaux.	133
— l'Ouest.	36
Total.	330

la Méditerranée ; l'opinion publique continue à vous le signaler comme un établissement de première nécessité.

Les crédits destinés à l'achèvement et à la rectification des routes nationales sont trop restreints pour permettre de doter de communications plus faciles les contrées qui, à raison du relief de leur sol, n'ont pas été comprises dans le réseau des chemins de fer ou des canaux. Dans le budget de 1852, je vous demande les moyens d'améliorer cette position en la mettant d'accord avec la justice distributive.

La navigation intérieure, cet auxiliaire indispensable de l'agriculture et du commerce, même avec les chemins de fer, n'a pas été négligée. De grands résultats sont déjà obtenus ou pourront l'être dans un avenir prochain, malgré l'insuffisance des allocations.

Le canal latéral à la Garonne, déjà livré à la navigation entre Toulouse et Agen, sur un développement de 127 kilomètres, sera dans quelques mois poussé jusqu'au Mas, à 42 kilomètres au delà d'Agen, et mis en communication avec la Baïse canalisée. Encore quelques années et quelques efforts, et l'œuvre gigantesque de Louis XIV aura reçu, à la gloire de notre époque, son complément nécessaire.

La dernière section du canal de la Marne au Rhin pourra être livrée au commerce au commencement de 1853.

Sur la Seine, la lacune si regrettable que présente la navigation du fleuve dans la traversée même de la capitale va incessamment disparaître.

Entre Rouen et le Havre, la navigation maritime a recueilli des avantages inespérés de l'exécution des travaux d'endiguement. Un projet de loi soumis à votre examen a pour objet d'assurer le maintien de ces heureux résultats.

Par le même projet de loi, le gouvernement vous propose d'entreprendre, aux embouchures du Rhône, un système d'ouvrages analogues à ceux qui ont obtenu sur la Seine un succès si complet.

Des études se poursuivent dans le même sens pour l'amélioration de la navigation maritime de la Loire et de la Garonne.

Parmi les travaux des bâtiments civils et des palais nationaux qui auront été terminés dans le cours de cette année, je mentionnerai les bassins de Versailles et de Saint-Cloud, la bibliothèque Sainte-Geneviève, l'hôtel du timbre et la restauration des salons du Louvre.

Un projet de loi relatif à l'achèvement du Louvre est à l'étude et vous sera incessamment présenté.

Depuis longtemps le commerce réclamait la liberté des transports en matière de roulage; nous avons donné à l'opinion publique cette légitime satisfaction.

Enfin, les décrets récents qui ont donné une nouvelle organisation au corps et à l'école des ponts et chaussées ont préparé l'application des lois relatives au mode de recrutement des ingénieurs.

AGRICULTURE ET COMMERCE.

Le gouvernement a poursuivi la réalisation du vœu émis par le conseil général de l'agriculture, des manufactures et du commerce, pour l'institution des concours si utiles à l'amélioration de nos races d'animaux domestiques.

Pour faciliter ces encouragements, une demande d'allocation supplémentaire a été introduite au projet de budget de 1852.

L'administration a fait étudier par des hommes spéciaux différentes questions d'un haut intérêt pour l'agriculture, et publier des documents sur la culture du lin en Belgique et en Hollande.

Une enquête sur les institutions de crédit foncier et agricole facilitera, par de nouveaux documents, l'étude et la discussion du projet de loi de crédit foncier soumis en ce moment aux délibérations de l'Assemblée.

Les résultats de l'enquête sur les établissements de colonisation agricole de Hollande, de Suisse, de Belgique et de France ont été publiés.

Des instructions spéciales et détaillées ont été adressées aux préfets pour faciliter l'exécution de la loi du 20 mars 1851, qui a organisé la représentation légale de l'industrie agricole, et les conseils généraux ont été appelés à appliquer l'une de ses dispositions les plus importantes.

Des orages et des ouragans, sur plusieurs points de la France, ont ruiné de nombreuses familles. Pour leur venir en aide, le gouvernement, s'associant aux efforts de la charité privée, a élevé, par un décret du 27 août dernier, à 7 1/2 p. 0/0 le taux du secours à accorder en cas de pareils sinistres.

Un concours d'événements et de circonstances, présents à la mémoire de tous, avaient avili le prix des denrées, mais les changements apportés par quelques États de l'Europe, surtout par l'Angleterre, dans leur législation sur les grains, sont venus ouvrir à notre agriculture de nouveaux et larges débouchés. Depuis 1849, nos expéditions ont pris un développement inconnu jusqu'alors.

La publication de l'*Atlas statistique de la production des chevaux en France* se poursuit avec activité, et démontrera, très-prochainement, que nos richesses chevalines ne le cèdent en rien à celles des autres nations d'Europe.

Un décret du 3 septembre 1851 a réorganisé les chambres de commerce, et en les reconnaissant comme établissements d'utilité publique, satisfait à un de leurs vœux fréquemment exprimés.

Quelques faits très-regrettables avaient inspiré des inquiétudes sur l'organisation des sociétés et agences tontinières. Une commission procède à la révision des statuts en vue d'y introduire toutes les améliorations et toutes les garanties que comporte la nature de ces établissements.

Il a été publié un règlement d'administration publique sur *les sociétés de secours mutuels* en exécution de la loi du 15 juillet 1850. Il leur laisse la plus entière liberté sous la seule réserve des garanties indispensables. Le compte rendu prescrit par la même loi, fera connaître la part pour laquelle ces sociétés contribuent à l'amélioration du sort de la classe laborieuse.

La loi du 4 mai 1851 a déterminé les bases du contrat d'apprentissage dans l'intérêt des familles ouvrières et dans celui de l'industrie. Elle aura pour effet d'assurer à l'apprenti de légitimes garanties d'instruction et de moralité, sans porter atteinte à la liberté du travail et aux droits de la famille.

Un décret du 17 mai dernier a déterminé les exceptions à la règle établie par la loi du 9 septembre 1848, qui a limité à douze heures la durée du travail effectif dans les manufactures et usines. Le gouvernement croit avoir justifié la confiance du législateur.

Les avances faites par certains patrons à leurs ouvriers plaçaient souvent ces derniers dans l'impossibilité de les rembourser, et les engageaient pour un temps illimité. La loi du 21 mai dernier, en réduisant à 30 fr. le chiffre des avances privilégiées, a concilié la liberté du travail avec le respect dû aux conventions.

Le projet de loi des marques de fabrique, d'un si haut intérêt pour l'industrie et le commerce, a déjà subi l'examen du conseil d'État, et sera soumis prochainement à l'Assemblée.

Le décret du 24 décembre 1850 a posé les bases d'une nouvelle organisation du service sanitaire sur le littoral; cette organisation, plus simple et plus en harmonie avec l'ensemble de notre système administratif, a été réalisée dans le cours de la présente année.

Sur notre appel, des délégués des puissances étrangères, choisis dans le corps consulaire et dans le corps médical, préparent maintenant à Paris les bases d'un règlement uniforme pour tous es pays situés sur les bords de la Méditerranée.

Les chiffres de nos exportations témoignent de l'activité imprimée au travail de nos fabriques, et les résultats obtenus depuis le dernier message, démontrent à quel point l'industrie française, au milieu des circonstances difficiles et d'une concurrence incessante, sait triompher des obstacles et agrandir ses débouchés.

La supériorité de certaines branches d'industrie s'est confirmée ou révélée à l'exposition de Londres, comme le prouvent les nombreuses récompenses accordées à nos exposants. En effet, la France, relativement, en a plus obtenu à elle seule que les autres pays, y compris l'Angleterre. Le tableau de la distribution générale le démontre[1].

Ce ne sont pas seulement nos produits d'art, de goût et de luxe qui nous ont valu de tels succès : nos machines, nos instruments de précision, nos produits chimiques, nos cuirs ouvrés, notre quincaillerie, de même que la préparation de nos matières premières, ou nos procédés de fabrication et de teinture ont été l'objet des plus honorables distinctions.

L'exposition universelle aura ajouté une page des plus glorieuses aux annales de l'industrie française.

L'Assemblée nationale, pour maintenir la législation en harmonie avec ce progrès signalé, a, depuis le 12 novembre 1850, voté trois lois importes en faveur du commerce, de l'industrie et de la marine :

La loi du 11 janvier 1851, qui a réglé le régime commercial de l'Algérie ;

La loi du 13 juin 1851, qui remanie le tarif des sucres : les produits coloniaux ont trouvé sur notre marché un écoulement des plus avantageux sans compromettre la prospérité de l'industrie indigène ;

La loi du 22 juillet dernier, pour encourager l'industrie des grandes pêches maritimes ; et déjà, de nos ports principaux, à eu lieu le départ des navires du plus fort tonnage.

En même temps ont été introduites dans les règlements commerciaux des améliorations notables.

Le message du 12 novembre 1850 annonçait une enquête sur l'état de notre marine marchande. Elle a eu lieu ; les documents

[1]

A la France.	1,050	5,186.
A l'Angleterre.	2,365	
Aux autres pays.	1,771	

Or, proportionnellement au nombre respectif des exposants, la France se trouve avoir obtenu 60 récompenses sur 100 exposants ;

L'Angleterre, 29 ;

Les autres pays, 18,

sont sous les yeux d'hommes éclairés et compétents; leur travail amènera d'utiles réformes, et dès à présent, si l'Assemblée adopte la proposition inscrite au projet de budget de 1852, le cabotage pourra être exonéré d'une partie des charges qui pèsent sur lui.

JUSTICE.

Le dernier message constatait que l'Assemblée était saisie de trois projets de loi essentiels.

Le premier, sur l'organisation judiciaire, est encore à l'état de rapport.

Le second, sur les hypothèques, sera prochainement soumis à une troisième lecture, et les populations jouiront bientôt des avantages de la loi nouvelle.

Le troisième, sur l'assistance judiciaire. La loi a été votée le 23 janvier dernier.

L'administration n'a rien négligé pour en assurer la prompte exécution.

Partout les bureaux d'assistance sont dès à présent en fonctions, et le pauvre peut, à l'égal du riche, faire valoir ses droits devant les tribunaux.

La loi sur le mariage des indigents reçoit aussi une heureuse application.

Le dernier message parlait également de projets de loi relatifs à la réhabilitation des condamnés et à la répression des crimes et délits commis par des Français en pays étranger. Ils ont été soumis au Conseil d'État, qui s'occupe en même temps d'une proposition émanée de l'initiative parlementaire, au sujet de la déportation. De grandes difficultés s'étaient élevées sur la désignation du lieu; elles semblent aplanies, et cette loi, que réclament le repos de la société et l'amendement des condamnés, pourra devenir bientôt l'objet du double examen du Conseil d'État et de l'Assemblée.

L'administration de la justice a été partout prompte et éclairée.

INSTRUCTION PUBLIQUE ET CULTES.

La loi du 15 mars 1850 a eu, quant à l'instruction primaire, les meilleurs résultats. L'administration rectorale, plus rapprochée des établissements et aidée du concours des délégués cantonnaux, a exercé une surveillance plus active.

La facilité accordée aux communes de substituer, dans certains cas, des écoles libres à des écoles publiques, n'a pas diminué le nombre de ces dernières.

Le nombre des écoles communales augmentent : il était de

34,446 au moment de la promulgation de la loi ; il est maintenant de 34,939.

L'instruction des filles, si importante au point de vue des principes religieux et du bon ordre dans les familles, s'est répandue de plus en plus : on comptait 10,171 écoles communales de filles en 1850 ; on en compte 10,542 en 1851.

La nouvelle loi n'a point été favorable au développement de l'enseignement libre des garçons : il y avait 4,950 écoles libres de garçons en 1850 ; il n'y en a plus que 4,622.

Il en est autrement des écoles libres de filles : en 1850, elles étaient au nombre de 11,088 ; en 1581, elles sont de 11,378.

En résumé, il y a sur l'ensemble des écoles primaires une augmentation de 806.

L'organisation de l'instruction publique, d'après les bases de la loi nouvelle, est, depuis un an, pleinement accomplie. Les conseils académiques ont montré, dans l'exercice de leurs pouvoirs, autant de fermeté que de modération. Le conseil supérieur, placé au sommet de la hiérarchie, maintient une puissante unité, et, j'ai le droit de le dire, la liberté d'enseignement, développée d'une manière remarquable, est sans danger, parce qu'elle sera contenue dans de justes limites.

Dans la transition de l'ancien régime universitaire à un régime de liberté, beaucoup de positions honorablement et péniblement acquises se trouvent menacées. Cependant, de modestes fonctionnaires, enlevés à leur carrière par des événements de force majeure, ne doivent pas perdre le prix de leurs services passés. Une proposition vous sera soumise à cet effet, et vous vous associerez, je n'en doute pas, à cette œuvre de juste réparation.

La création de trois évêchés aux Antilles et dans l'île de la Réunion est maintenant un fait accompli. Les évêques ont pris possession de leurs siéges, et déjà, à la Martinique, à la Réunion, à la Guadeloupe, leur influence salutaire permet d'apprécier le bienfait qui résulterait de l'action du clergé plus nombreux. Aussi, quelques dépenses seront-elles indispensables pour la fondation de *séminaires-colléges*, déjà autorisés en principe par le décret organique des évêchés coloniaux. Vous reconnaîtrez, je le pense, l'utilité d'achever sans trop de retard l'œuvre si heureusement commencée.

L'Assemblée nationale, en accueillant la demande du ministre des cultes en faveur des édifices diocésains, n'a pas seulement donné une preuve de son intérêt pour la conservation de nos grands mouvements, elle a voulu témoigner aussi de sa sollicitude pour les besoins de la religion. Persister dans ces généreuses dispositions, ce sera en outre favoriser l'ouverture de vastes ateliers de construction dans un grand nombre de départements où la situation de la classe ouvrière menace de devenir très-pénible.

Les cultes non catholiques ont eu aussi leur juste part de la sollicitude du gouvernement.

GUERRE.

L'effectif général de terre n'était, au 1er octobre dernier, que de 387,519 hommes et 84,306 chevaux. Si les circonstances n'y mettent aucun obstacle, cet effectif rentrera dans les limites budgétaires de 1852, qui le réduisent à 377,130 hommes et 83,435 chevaux.

Aucun nouveau supplément de crédit ne sera nécessaire pour 1851.

Les crédits accordés par le budget de 1851 ont permis d'organiser, cette année, 231 nouvelles brigades de gendarmerie. La création de 230 autres aura lieu en 1842, et l'accroissement de dépense qui en résultera se trouvera plus que compensé par les réductions opérées sur l'effectif des autres armes.

Divers projets de loi concernant l'organisation des cadres, le recrutement et les pensions à accorder aux sous-officiers et soldats, ont été, depuis longtemps, soumis à l'Assemblée législative. L'armée en attend l'adoption avec une juste impatience. Nous espérons qu'ils ne tarderont pas à être discutés et votés par l'Assemblée.

Vous connaissez l'importance des opérations militaires du printemps dernier dans la partie orientale de la Kabylie et les succès qui, en quatre-vingts jours de marche, ont couronné la brillante valeur de nos troupes, sous le commandement d'un général que ma confiance a appelé au ministère de la guerre. Les tribus du cercle de Djidjelli soumises, la vallée de l'Oued-Sahel pacifiée, le commerce des huiles alimenté par les Kabyles considérablement accru, tels sont les résultats heureux de cette campagne.

Sur 1,145 tribus dont l'existence a été constatée en Algérie, 1,100 ont reconnu la souveraineté de la France, et celles qui s'y dérobent encore sont les plus pauvres et les plus éloignées.

L'armée, après avoir vaincu les Arabes, s'est appliquée à les civiliser en modifiant leurs habitudes sociales. Ainsi, sous l'inspiration de nos officiers, on a vu apparaître à la fois tout ce qui révèle le progrès le mieux constaté : édifices, maisons nombreuses, plantations considérables, cultures nouvelles; barrages et ponts sur les rivières, caravansérails sur les voies de communication; l'instruction publique organisée, l'art de guérir introduit chez ces populations décimées par les maladies.

Si le fanatisme des passions n'est pas désarmé encore, déjà

néanmoins se forme parmi les Arabes un parti sage pour aprécier leurs véritables intérêts et pour seconder nos efforts.

Le vote récent de plusieurs lois importantes, spéciales à l'Algérie, a contribué puissamment à l'œuvre de la colonisation.

La loi du 16 juin 1851 sur la constitution de la propriété, celle du 11 janvier qui règle le régime commercial, celle du 4 août qui fonde une banque d'escompte, de circulation et de dépôts, enfin le décret du 26 avril, en introduisant des améliorations réclamées par l'expérience, ont facilité des concessions de terre.

En résumé, quoique la situation générale de l'Algérie soit loin d'être alarmante, elle s'est toutefois compliquée sur certains points, tels que la vallée de Sebaou, à cause des tentatives d'insurrection de Bou-Baghla, la province d'Alger, à cause de l'agitation religieuse, la frontière du Maroc, à cause de la fermentation des tribus sauvages et guerrières qui l'occupent.

MARINE.

Renfermée dans les limites d'un budget assez restreint, notre marine n'en a pas moins su protéger nos nationaux sur tous les points du globe.

Plusieurs décrets importants et que rendent nécessaires soit les progrès réalisés depuis vingt-cinq ans dans toutes les parties du service naval, soit des difficultés d'application, soit le besoin de certaines économies, ont réglé successivement :

Le service à bord des bâtiments de la flotte;

La solde des officiers et employés de la marine dans les différentes positions qu'ils peuvent occuper;

Les emménagements des bâtiments de la flotte d'après une règle invariable dans les installations.

D'autres dispositions intérieures ont simplifié les éléments de la comptabilité maritime, et pourvu, mieux encore que par le passé, à la conservation du précieux matériel renfermé dans nos arsenaux. Des travaux considérables se poursuivent avec activité.

La construction des fosses d'immersion dans les ports de Cherbourg, Rochefort et Toulon, pour laquelle l'Assemblée nationale a accordé un crédit spécial de 938,000 fr., s'exécute avec soin; l'année prochaine pourra voir terminer cet utile travail, depuis longtemps réclamé, et qui mettra un terme aux pertes que nous faisons chaque année sur nos approvisionnements de bois.

Le curage de la rade de Toulon se continue avec succès, et déjà tous les vaisseaux de notre escadre d'évolution sont mouillés là où naguère encore des navires d'un rang inférieur pouvaient à peine se basarder.

A Cherbourg, au fort Boyard, à Port-Vendres, à Marseille, les travaux se poursuivent également sans relâche.

Mais ces améliorations obtenues au prix de tant d'efforts demeureraient stériles, et notre puissance navale n'occuperait pas dans le monde un rang digne de la France, si, pour toutes les éventualités, elle n'avait les moyens de se recruter d'hommes déjà façonnés au rude métier de la mer. Le plus important, comme on le sait, est l'inscription combinée avec la caisse des invalides de la marine. Tout ce qui tend à rendre plus féconde cette œuvre de Colbert a été soumis à la méditation sérieuse du conseil de l'amirauté, sous la forme d'un projet de loi. Déjà la loi dernière promulguée sur les primes pour les pêches maritimes promet de nouvelles et fructueuses campagnes.

Un projet sur la police de la pêche côtière, cette première école de nos matelots, a été soumis à l'Assemblée peu de jours avant sa prorogation. Cette loi de police sera un bienfait pour tout le littoral.

La situation de nos colonies est plus satisfaisante que l'année dernière ; elles jouissent toutes d'une complète tranquillité, qui, d'ailleurs, depuis l'émancipation, n'a jamais été sérieusement troublée qu'à la Guadeloupe.

En même temps qu'il s'efforce d'inspirer aux populations nouvellement affranchies la confiance dans la liberté et l'amour du travail qui doit en être la conséquence, le Gouvernement combat et poursuit avec énergie toutes les excitations aux mauvaises doctrines.

La répartition de l'indemnité réglée par un décret du 24 novembre 1849 est maintenant achevée partout. Une loi du 30 juillet 1850 est venu accélérer les avantages de cette mesure, en décidant que les certificats de liquidation délivrés aux ayants-droit seraient immédiatement échangés au Trésor contre des coupons de rentes. Les inscriptions aujourd'hui délivrées représentent une masse d'environ 2 millions de rentes, c'est-à-dire le tiers de l'indemnité totale.

Les banques coloniales, organisées par la loi du 11 juillet dernier, pourront bientôt porter les fruits qu'on en attend.

L'administration intérieure des colonies, leur régime législatif et financier réclamaient une organisation nouvelle, en harmonie avec les principes que la Constitution a posés. Un projet de loi préparé à cet effet a été, après l'examen du Conseil d'État, présentée à l'Assemblée ; un règlement qui embrasse toutes les parties de l'administration des finances coloniales et de leur comptabilité est déjà préparé et pourra suivre immédiatement le vote de la loi organique.

Deux autres projets de loi, dont l'un sur l'émigration, le régime de la police du travail au colonies, et l'autre sur l'organisation judiciaire, ont été préparées par l'administration et la commission coloniale.

Enfin nos établissements de la côte occidentale d'Afrique sont en voie de progrès ; leur situation appelle, dans l'intérêt même de ce progrès, diverses mesures qu'a récemment élaborées et proposées une commission.

AFFAIRES ÉTRANGÈRES.

Nous devons nous féliciter de l'état de nos relations avec les puissances étrangères; de toutes parts nous viennent les assurances du désir qu'elles éprouvent de voir nos difficultés se résoudre pacifiquement. De notre côté, une diplomatie loyale et sincère s'associe à toutes les mesures qui peuvent contribuer à assurer le repos et la paix de l'Europe.

Plus cette paix se prolonge et plus les liens des différents peuples se resserrent. La vaste et libérale idée du prince Albert a contribué à en cimenter l'union. Le peuple anglais a accueilli nos compatriotes avec une noble cordialité, et cette lutte de toutes les industries du monde, au lieu de fomenter les jalousies, n'a fait qu'accroître l'estime réciproque entre les nations.

A Rome, notre situation est toujours la même, et le Saint-Père ne cesse de montrer sa constante sollicitude pour le bonheur de la France et pour le bien-être de nos soldats. Le travail d'organisation du gouvernement romain marche lentement; un Conseil d'État est cependant établi, les conseils municipaux et provinciaux s'organisent peu à peu, et serviront à former une consulte destinée à prendre part à l'administration des finances; d'importantes réformes législatives se poursuivent. Enfin, on s'occupe avec activité de la création d'une armée qui rendrait possible le retrait des forces étrangères stationnées dans les États de l'Église.

A Constantinople, la protection des intérêts religieux a exigé, depuis une année, notre active intervention. Il a fallu régler les difficultés élevées, soit dans le sein de la communion catholique, soit entre les diverses communions chrétiennes; terminer les contestations les plus graves au sujet du mode d'institution des évêques arméniens ; enfin s'occuper d'une transaction qui mette un terme aux déplorables querelles nées trop souvent de la possession des saints lieux. Si chacun est animé de notre esprit de conciliation, ces tristes débats auront cessé pour jamais.

Nos bons rapports avec l'Espagne nous font espérer le règlement définitif et prochain des différends au sujet de la frontière des Pyrénées.

Nous avons saisi avec empressement l'occasion de donner à l'Espagne une preuve de la sincérité de nos relations, en nous associant à l'Angleterre pour offrir au gouvernement de Madrid le concours de nos forces navales, afin de repousser la tentative audacieuse contre l'île de Cuba. De plus, notre ministre à Washington a été chargé d'appuyer amicalement les réclamations de la cour de Madrid, réclamations dont la justice a été loyalement reconnue par le gouvernement fédéral.

La paix est rétablie entre l'Allemagne et le Danemark; le Schleswig est rentré sous l'autorité du roi; l'occupation autrichienne a mis fin dans le Holstein au régime de l'insurrection, et la cause qui avait nécessité l'entrée des troupes étrangères ayant cessé, j'espère que leur séjour ne se prolongera pas. Les résolutions du cabinet de Copenhague pour déterminer la succession au trône et pour assurer l'intégrité de la monarchie ont obtenu l'approbation des puissances. Des obstacles de détail en retardent seuls la sanction officielle.

L'orage qui menaçait encore, il y a un an, le repos de l'Allemagne s'est dissipé. La confédération germanique a repris dans son ensemble la forme et le régime antérieurs aux événements de 1848. Elle cherche à se prémunir contre de nouveaux ébranlements par un travail de réorganisation intérieure. Nous devons y demeurer complétement étrangers. Nous avons pu craindre un moment que la diète de Francfort ne fût appelée à délibérer sur une proposition qui modifiait grandement l'essence même de la confédération allemande, tendait à en reculer les limites, changeant ainsi sa destination, son rôle européen, et altérant l'équilibre consacré par les traités généraux. Nous avons cru devoir faire entendre des représentations. L'Angleterre a aussi réclamé. Heureusement la sagesse des gouvernements germaniques n'a pas tardé à écarter cette chance de complication.

La Suisse a éloigné de son territoire la plus grande partie des réfugiés qui abusaient de l'hospitalité. En secondant cette mesure, nous avons voulu rendre service à la Suisse et aux États voisins.

Les nouveaux événements survenus sur les rives de la Plata, ont grandement modifié la situation respective des Etats engagés dans la lutte. Ils nous obligent à suspendre les arrangements que nous avions préparés pour une pacification.

Le système de l'extradition réciproque des malfaiteurs et celui des communications postales se complètent successivement. Plusieurs conventions soumises à l'Assemblée nationale lui en ont déjà donné la preuve. D'autres lui seront présentées plus tard.

La conclusion des traités de commerce avec la Grande-Bretagne, la Toscane, la Belgique, la Prusse, le Danemark et la Suède atteste la sollicitude du gouvernement pour le développement de nos relations commerciales et maritimes.

L'Assemblée avait exprimé le vœu que les conventions littéraires conclues avec la Sardaigne et le Portugal pussent être adoptées le plus tôt possible par les autres Etats.

La Grande-Bretagne et le Hanovre ont déjà signé des traités spéciaux, reproduisant les principales clauses des conventions sarde et portugaise. Sur plusieurs autres points et notamment en Espagne, les négociations encore pendantes sont à la veille d'aboutir au résultat désiré.

Les réclamations qu'un grand nombre de négociants et d'armateurs français ont à poursuivre contre le gouvernement des États-Unis, à raison de saisies arbitraires par les douanes de Californie, ne sont pas encore liquidées et payées; mais le congrès américain et le cabinet Washington en ont formellement reconnu la justice, et nous ne tarderons pas à obtenir une satisfaction légitime.

RÉSUMÉ.

Vous venez d'entendre l'exposé fidèle de la situation du pays. Elle offre pour le passé des résultats satisfaisants ; néanmoins, un état de malaise général tend chaque jour à s'accroître. Partout le travail se ralentit, la misère augmente, les intérêts s'effrayent et les espérances antisociales s'exaltent à mesure que les pouvoirs publics affaiblis approchent de leur terme.

Dans un tel état de choses, la préoccupation du Gouvernement doit être de rechercher les moyens de conjurer les périls et d'assurer les meilleures chances de salut. Déjà, dans mon dernier message, mes paroles à ce sujet, je m'en souviens avec orgueil, furent favorablement accueillies par l'Assemblée. Je vous disais : « L'incertitude de l'avenir fait naître bien des appréhen-
« sions en réveillant bien des espérances. Sachons tous faire à
« la patrie le sacrifice de ces espérances, et ne nous occupons que
« de ses intérêts. Si dans cette session vous votez la révision de
« la Constitution, une Constituante viendra refaire nos lois fon-
« damentales et régler le sort du pouvoir exécutif. Si vous ne
« la votez pas, le peuple en 1852 manifestera solennellement
« l'expression de sa volonté nouvelle. Mais quelles que puissent
« être les solutions de l'avenir, entendons-nous afin que ce ne
« soit jamais la passion, la surprise ou la violence qui décident
« du sort d'une grande nation. »

Aujourd'hui les questions sont les mêmes, et mon devoir n'a

pas changé : c'est de maintenir l'ordre inflexiblement, c'est de faire disparaître toute cause d'agitation, afin que les résolutions qui décideront de notre sort soient conçues dans le calme et adoptées sans contestations.

Ces résolutions ne peuvent émaner que d'un acte décisif de la souveraineté nationale, puisqu'elles ont toutes pour base l'élection populaire. Eh bien, je me suis demandé s'il fallait, en présence du délire des passions, de la confusion des doctrines, de la division des partis, alors que tout se ligue pour enlever à la morale, à la justice, à l'autorité, leur dernier prestige, s'il fallait, dis-je, laisser ébranlé, incomplet, le seul principe qu'au milieu du chaos général la Providence ait maintenu debout pour nous rallier. Quand le suffrage universel a relevé l'édifice social par cela même qu'il substituait un droit à un fait révolutionnaire, est-il sage d'en restreindre plus longtemps la base ? Enfin, je me suis demandé si, lorsque des pouvoirs nouveaux viendront présider aux destinées du pays, ce n'était pas d'avance compromettre leur stabilité que de laisser un prétexte de discuter leur origine et de méconnaître leur légitimité.

Le doute n'était pas possible, et sans vouloir m'écarter un seul instant de la politique d'ordre que j'ai toujours suivie, je me suis vu obligé, bien à regret, de me séparer d'un ministère qui avait toute ma confiance et mon estime, pour en choisir un autre composé également d'hommes honorables connus par leurs sentiments conservateurs, mais qui voulussent admettre la nécessité de rétablir le suffrage universel sur la base la plus large possible.

Il vous sera donc présenté un projet de loi qui restitue au principe toute sa plénitude, en conservant de la loi du 31 mai ce qui dégage le suffrage universel d'éléments impurs et en rend l'application plus morale et plus régulière.

Ce projet n'a donc rien qui puisse blesser cette Assemblée ; car, si je crois utile de lui demander aujourd'hui le retrait de la loi du 31 mai, je n'entends pas renier l'approbation que je donnai alors à l'initiative prise par le ministère qui réclama des chefs de la majorité dont cette loi était l'œuvre, l'honneur de la présenter. Je reconnais même les effets salutaires qu'elle a produits. En se rappelant les circonstances dans lesquelles elle fut présentée, on avouera que c'était un acte politique bien plus qu'une loi électorale, une véritable mesure de salut public ; et, toutes les fois que la majorité me proposera des moyens énergiques de sauver le pays, elle peut compter sur mon concours loyal et désintéressé. Mais les mesures de salut public n'ont qu'un temps limité.

La loi du 31 mai, dans son application, a même dépassé le but qu'on pensait atteindre; personne ne prévoyait la suppression de 3 millions d'électeurs, dont les deux tiers sont habitants paisibles des campagnes. Qu'en est-il résulté? C'est que cette immense exclusion a servi de prétexte au parti anarchique qui couvre ses détestables desseins de l'apparence d'un droit ravi et à reconquérir. Trop inférieur en nombre pour s'emparer de la société par le vote, il espère, à la faveur de l'émotion générale et au déclin des pouvoirs, faire naître sur plusieurs points de la France à la fois des troubles qui seraient réprimés sans doute, mais qui nous jetteraient dans de nouvelles complications.

Indépendamment de ces périls, la loi du 31 mai, comme loi électorale, présente de graves inconvénients. Je n'ai pas cessé de croire qu'un jour viendrait où il serait de mon devoir d'en proposer l'abrogation. Défectueuse, en effet, lorsqu'elle est appliquée à l'élection d'une assemblée, elle l'est bien davantage lorsqu'il s'agit de la nomination du Président. Car si une résidence de trois ans dans la commune a pu paraître une garantie de discernement imposée aux électeurs pour connaître les hommes qui doivent les représenter, une résidence aussi prolongée ne saurait être nécessaire pour apprécier le candidat destiné à gouverner la France.

Une autre objection grave est celle-ci. La Constitution exige, pour la validité de l'élection du Président par le peuple, 2 millions au moins de suffrages, et s'il ne réunit pas ce nombre, c'est à l'Assemblée qu'est conféré le droit d'élire. La Constituante avait donc décidé que sur 10 millions de votants portés alors sur la liste, il suffisait du cinquième pour valider l'élection. Aujourd'hui le nombre des électeurs se trouvant réduit à 7 millions, en exiger 2, c'est intervertir la proportion, c'est-à-dire demander presque le tiers au lieu du cinquième, et ainsi, dans une certaine éventualité, ôter l'élection au peuple pour la donner à l'Assemblée. C'est donc changer positivement les conditions d'éligibilité du Président de la République.

Enfin, j'appelle votre attention particulière sur une autre raison décisive peut-être. Le rétablissement du suffrage universel sur sa base principale donne une chance de plus d'obtenir la révision de la Constitution. Vous n'avez pas oublié pourquoi, dans la session dernière, les adversaires de cette révision refusaient à la voter. Ils s'appuyaient sur cet argument qu'ils savaient rendre spécieux : La Constitution, disaient-ils, œuvre d'une Assemblée issue du suffrage universel, ne peut-être modifiée par une Assemblée issue du suffrage restreint. Que ce soit là un motif réel ou un prétexte, il est bon de l'écarter et de pouvoir dire à ceux qui veulent lier le pays à une constitution immuable : Voilà le suffrage universel rétabli ; la majorité de l'Assemblée soutenu par 2 millions de pétitionnaires, par le plus grand nombre des conseils d'arrondissement, par la presque unanimité des conseils généraux, demande la révision du pacte fondamental : avez-vous moins confiance que nous dans l'expression de la volonté populaire ? La question se résume donc ainsi pour tous ceux qui souhaitent le dénoûment pacifique des difficultés du jour.

La loi du 31 mai a ses imperfections ; mais, fût-elle parfaite, ne devrait-on pas également l'abroger si elle doit empêcher la révision de la Constitution, ce vœu manifeste du pays ?

On objecte, je le sais, que, de ma part, ces propositions sont inspirées par l'intérêt personnel. Ma conduite, depuis trois ans, doit repousser une allégation semblable. Le bien du pays, je le répète, sera toujours le seul mobile de ma conduite. Je crois de mon devoir de proposer tous les moyens de conciliation, et de faire tous mes efforts pour amener une solution pacifique, régulière, légale, quelle qu'en puisse être l'issue.

Ainsi donc, Messieurs, la proposition que je vous fais n'est ni une tactique de parti, ni un calcul égoïste, ni une résolution subite ; c'est le résultat de méditations sérieuses et d'une conviction profonde. Je ne prétends pas que cette mesure fasse disparaître toutes les difficultés de la situation ; mais à chaque jour sa tâche. Aujourd'hui, rétablir le suffrage universel, c'est enlever à la guerre civile son drapeau, à l'opposition son dernier argument. Ce sera fournir à la France la possibilité de se donner des institutions qui assurent son repos. Ce sera rendre aux pouvoirs à venir, cette force morale qui n'existe qu'autant qu'elle repose sur un principe consacré et sur une autorité incontestable.

FIN.

LIBRAIRIE DE D. GIRAUD ET J. DAGNEAU

ÉDITEURS

de la Bibliothèque de Fantaisie, de la Bibliothèque Politique

ET DE LA BIBLIOTHÈQUE THÉATRALE

NOUVELLES COLLECTIONS

PUBLIÉES DANS L'ÉLÉGANT FORMAT IN-18 ANGLAIS.

CATALOGUE

DES

LIVRES DE FONDS ET DE PROPRIÉTÉ.

PARIS

7, RUE VIVIENNE, AU PREMIER; 7

Maison du Coq d'or.

1852

ESQUISSES LITTÉRAIRES

PAR ARMAND BASCHET.

Les *Esquisses littéraires* paraissent successivement et à des intervalles très rapprochés. Ces esquisses sont contemporaines. Sous une forme biographique et critique, elles résument l'histoire de la grande lutte littéraire moderne.

L'auteur des *Esquisses littéraires* s'est appliqué à mettre en relief et dans la plus vive étendue l'*homme* et l'*écrivain*. L'étude sur la *manière* d'un artiste doit naturellement mener à l'étude du *genre*. C'est ce qu'a voulu comprendre l'auteur des *Esquisses*.

De Balzac, V. Hugo, de Lamartine, Th. Gautier, Alphonse Karr, Alfred de Vigny, Sainte-Beuve, George Sand, Musset, Vacquerie, P. de Kock, Mérimée, Henri Heine, Jules Janin, Gérard de Nerval, Léon Gozlan, etc., forment la première série des *Esquisses littéraires*.

La seconde série doit être un ensemble des tendances littéraires nouvelles : MM. Champfleury, Charles Monselet, Philippe de Chennevière, Charles Baudelaire, Théodore de Banville, André Thomas, Mürger, Aloysius Bertrand, etc., résument à peu près les noms de cette série.

EN VENTE

LA DEUXIÈME ÉDITION DE LA PREMIÈRE ESQUISSE :

H. DE BALZAC

Par M. ARMAND BASCHET, avec Notes historiques par CHAMPFLEURY.

BIBLIOTHÈQUE DE FANTAISIE

ART ET LITTÉRATURE.

La nouvelle collection que nous publions sous ce titre se composera d'un choix d'œuvres nouvelles dues à la plume de nos meilleurs *Écrivains fantaisistes*, poëtes et prosateurs contemporains.

Imprimée sur beau papier glacé et satiné, dans l'élégant format in-18 anglais, elle sera divisée en deux séries de prix différents.

Première série, chaque vol.: 2 fr. — Deuxième série, chaque vol. : 3 fr.

EN VENTE :

ROMANS DES FAMILLES

AU COIN DU FEU

PAR ÉMILE SOUVESTRE

1 volume. Prix : 2 fr.

STATUES ET STATUETTES

CONTEMPORAINES

PAR CHARLES MONSELET.

1 volume. Prix : 2 fr.

PROMENADES SENTIMENTALES DANS LONDRES

ET LE PALAIS DE CRISTAL

PAR JULES DE PRÉMARAY

1 beau volume. Prix : 3 fr.

Sous presse :

SOUS LA TONNELLE

Par **ÉMILE SOUVESTRE.** — 1 volume. Prix : 2 fr.

BIBLIOTHÈQUE POLITIQUE

Curiosités révolutionnaires et historiques.

La **BIBLIOTHÈQUE POLITIQUE** publiera successivement un choix d'ouvrages piquants sur ce qu'on peut appeler réellement *Curiosités révolutionnaires et historiques.*

Outre son mérite littéraire, cette collection aura une véritable importance d'actualité, et est appelée à former le complément de toutes les histoires contemporaines.

Exactement semblable, pour le papier et le format, à la BIBLIOTHÈQUE DE FANTAISIE, elle sera aussi divisée en deux séries, du prix de 2 et 3 fr. chaque volume.

En vente :

LES AFFICHES ROUGES

reproduction exacte et histoire critique

DE TOUTES LES AFFICHES ULTRA-RÉPUBLICAINES

Placardées sur les murs de Paris depuis le 24 février 1848

AVEC UNE PRÉFACE

Par **UN GIRONDIN.** — 1 beau volume. Prix : 3 fr.

Pour paraître le 15 janvier :

HISTOIRE

DU

TRIBUNAL RÉVOLUTIONNAIRE

Par Charles MONSELET.

2 forts volumes.

2e ÉDITION.

— Curiosités révolutionnaires. —

LES JOURNAUX ROUGES

Histoire critique de tous les journaux ultra-républicains publiés à Paris depuis le 24 février 1848,

Avec des extraits spécimens et une Préface, par un Girondin.

1 volume in-18. Prix : 1 fr. 50 c.

BIBLIOTHÈQUE THÉATRALE

— Auteurs contemporains —

Nouvelle collection publiée dans le format in-18 anglais

PIÈCES EN VENTE

BATAILLE DE DAMES, ou UN DUEL EN AMOUR, comédie en 3 actes, en prose, par MM. SCRIBE et LEGOUVÉ. Prix : 1 fr.

LA CHANTEUSE VOILÉE, opéra-comique en 1 acte, par MM. SCRIBE et DE LEUVEN. Prix : 60 c.

LA PEAU DE MON ONCLE, vaudeville en 1 acte, par MM. VARIN et Jules de PRÉMARAY. Prix : 60 c.

LA VIE DE CAFÉ, pièce en 3 actes, mêlée de chants, par MM. DUPEUTY et E. VANDERBURCK. Prix : 75 c.

UN DIEU DU JOUR, comédie-vaudeville en 2 actes, mêlée de couplets, par MM. Ac. d'ARTOIS, ROGER DE BEAUVOIR et de BESSELIÈVRE. Prix : 60 c.

LE RAISIN MALADE, folie fantastique en 1 acte, mêlée de couplets, par M. Michel DELAPORTE. Prix : 60 c.

L'ANGE DU REZ-DE-CHAUSSÉE, vaudeville en 1 acte, par MM. L. COUAILHAC et BOURDOIS. Prix : 60 c.

LE MARI D'UNE CAMARGO, comédie-vaudeville en 2 actes, mêlée de couplets, par MM. LAURENCIN et ARSÈNE DE CEY. Prix : 60 c.

LA TANTE LORIOT (jouée par M. et madame Émile Taigny), vaudeville mêlé de couplets, par MM. MOREAU et DELACOUR. Prix : 60 c.

UN AMANT QUI NE VEUT PAS ÊTRE HEUREUX, vaud. en 1 acte, par MM. de COMBEROUSSE et LUBIZE. Prix : 60 c.

L'EAU QUI DORT, vaudeville-proverbe en 1 acte, par MM. Bernard LOPEZ et Ch. NARREY. Prix : 60 c.

LE CHARIOT D'ENFANT, drame en vers en 5 actes et 7 tableaux, traduction du drame indien du roi Soudraka, par MM. Méry et Gérard de Nerval, in-18 format anglais (édition de luxe). Prix : 2 fr.

LE MARTYRE DE VIVIA, mystère en 3 actes et en vers, par Jean Reboul (de Nîmes), 1 vol. in-18 format anglais (édition de luxe). Prix : 1 fr. 50 c.

LES CONTES DE LA REINE DE NAVARRE ou LA REVANCHE DE PAVIE, comédie en 5 actes, en prose, par MM. SCRIBE et LEGOUVÉ, ornée d'un beau portrait de mademoiselle Madeleine Brohan, gravé sur acier. Prix : 1 fr. 25 c.

LES PÉCHÉS DE JEUNESSE, drame en 3 actes, en prose, par M. Émile SOUVESTRE. Prix : 60 c.

UN ENFANT DE PARIS, drame en 5 actes et 8 tableaux, par M. Emile SOUVESTRE. Prix : 1 fr.

UN PAYSAN D'AUJOURD'HUI, comédie en 1 acte, en prose, par M. Emile SOUVESTRE. Prix : 60 c.

LE LION ET LE MOUCHERON, drame en 5 actes, par MM. Émile SOUVESTRE et Eug. BOURGEOIS. Prix : 75 c.

MADAME DE LAVERRIERE, drame en 5 actes, par M. Charles LAFONT. 75 c.

LES BAISERS, comédie en 1 acte et en prose, par M. Hippolyte LUCAS. 60 c.

LA FILLE DU ROI RENÉ, comédie-vaudeville en 1 acte, par M. Gustave LEMOINE. Prix : 60 c.

L'ENSEIGNEMENT MUTUEL, pochade mêlée de couplets, par MM. TH BARRIÈRE et DECOURCELLE. Prix : 60 c.

LA DOT DE MARIE, vaudeville en 1 acte, par MM. CLAIRVILLE et J. CORDIER. Prix : 60 c.

CLAUDINE ou LES AVANTAGES DE L'INCONDUITE, étude pastorale et berrichonne (*Parodie de Claudie*), par MM. SIRAUDIN et Arthur DE BEAUPLAN. 60 c.

UNE BONNE QU'ON RENVOIE, vaudeville en 1 acte, par MM. DE LA ROUNAT et S. Henri BERTHOUD. Prix : 60 c.

PIERROT, pièce de carnaval, en 1 acte, par MM. LEFRANC et DECOURCELLE. Prix : 60 c.

MILITAIRE ET PENSIONNAIRE, vaudeville en 1 acte, par MM. BRISEBARRE et DE LUSTIÈRES. Prix : 60 c.

BIBLIOTHÈQUE THÉATRALE

— Auteurs contemporains —

Nouvelle collection publiée dans le format in-18 anglais

SUITE DES PIÈCES EN VENTE

LE DOCTEUR CHIENDENT, vaudeville en 2 actes, par M. VARIN. Prix : 60 c.

LA FIANCÉE DU BENGALE, folie de carnaval en 2 actes et 3 tableaux, par MM. L. DUCHESNE et G. SAUVEY. Prix : 60 c.

LES MALHEURS HEUREUX, comédie-vaudeville en 1 acte, par MM. DUVERT, de LAUZANNE et de LA ROUNAT. 60 c.

BELPHÉGOR, vaudeville fantastique en 1 acte, par MM. DUMANOIR, SAINT-YVES et CHOLLER. Prix : 60 c.

RAYMOND, ou *le Secret de la Reine*, opéra-comique en 3 actes, par MM. ROSIER et DE LEUVEN. Prix : 1 fr.

LA DAME AUX TROIS COULEURS, comédie-vaud. en 3 actes, par MM. Ch. DESNOYER et Ch RAYMOND. Prix : 75 c.

LA SÉRAFINA, opéra-comique en 1 acte, par MM. de SAINT-GEORGES et DUPIN. Prix : 60 c.

LA PEAU DE CHAGRIN, drame en 5 actes, tiré du roman de H. BALZAC, par M. LOUIS JUDICIS. Prix : 1 fr.

LA CORDE SENSIBLE, vaudev. en 1 acte. par MM. CLAIRVILLE et Lambert THIBOUST. Prix : 60 c.

LES FAMILLES, comédie en 5 actes, en vers, par M. Ernest SERRET (édition de luxe). Prix : 1 fr. 50 c

LAURE ET DELPHINE, comédie-vaudeville en 2 actes, psr MM. BAYARD et CH. POTRON. Prix : 1 fr.

J'AI MARIÉ MA FILLE, comédie mêlée de couplets, par MM. LAURENCIN et Marc MICHEL. Prix : 60 c.

MURDOCH LE BANDIT, opéra-comique en 1 acte, par M. DE LEUVEN. Prix : 60 c.

LE VOL A LA DUCHESSE, drame en 5 actes et 8 tableaux, par MM. GRANGÉ et X. DE MONTÉPIN. Prix : 1 fr.

400,000 FRANCS POUR VINGT SOUS, vaudeville en 1 acte, par MM. EM. COLLIOT et EM. LEFEBVRE. Prix : 60 c.

LUCIENNE, drame-vaudeville en 2 actes, par M. Paul FOUCHER. Prix : 60 c.

DANS L'AUTRE MONDE, rêverie-vaudeville en 3 tableaux, par MM. Em. COLLIOT et Em. LEFEBVRE. Prix : 60 c.

UNE MAITRESSE-FEMME, comédie-vaudeville en 1 acte, par MM. CARMOUCHE et VANDERBURCK. Prix : 60 c.

L'AMANT DE CŒUR, vaudeville en 1 acte, par MM. SIRAUDIN et Jules de PRÉMARAY. Prix : 60 c.

LES PHILOSOPHES DE VINGT ANS, proverbe en 1 acte, par Mme Caroline BERTON. Prix : 60 c.

L'IVROGNE ET SON ENFANT, vaudeville en 2 actes, par M. CH. DESNOYERS. Prix : 60 c.

LE MARCHAND DE LAPINS, comédie en 1 acte, mêlée de couplets, par MM. VARIN et BOYER. Prix : 60 c.

LE DERNIER ABENCERAGE, drame en 3 actes, en vers, par M. BEAUVALLET. Prix : 1 fr.

ENCORE DES MOUSQUETAIRES, vaudeville en 1 acte, par MM. VARIN et PAUL VERMOND. Prix : 60 c.

UN CHEF DE BRIGANDS, vaudeville en 1 acte, par MM. VARIN et MARCHAIS. Prix : 60 c.

LA DINDE TRUFFÉE, vaudeville en 1 acte, par MM. VARIN et de LÉRIS. Prix : 60 c.

LES INCERTITUDES DE ROSETTE

Comédie-vaudeville en 1 acte, par M. Ernest SERRET.

Prix : 60 c.

ÉCONOMIE POLITIQUE.

DE

L'ADMINISTRATION INTÉRIEURE DE LA FRANCE

PAR M. FERDINAND BÉCHARD,

Membre de l'Assemblée Législative,

Avec un appendice sur les lois municipales des principaux Etats de l'Europe, par M. Bergson, docteur en droit.

2 beaux volumes in-18, format anglais. — Prix : 6 fr.

Tome Ier. — ORGANISATION COMMUNALE ET CANTONALE.

Tome II. — ORGANISATION DÉPARTEMENTALE ET DIVISIONNAIRE.

LA COMMUNE, L'ÉGLISE ET L'ÉTAT

Dans leurs rapports avec les Classes laborieuses

PAR M. FERDINAND BÉCHARD

Membre de l'Assemblée nationale et de la Commission des lois de prévoyance et d'assistance.

Deuxième édition, augmentée d'un Appendice.

Un très fort volume in-18, format anglais. — Prix : 3 fr. 50 c.

DU CRÉDIT ET DE L'IMPOT

OU CE QU'IL Y A A FAIRE

Par un ancien receveur des finances, auteur de la Lettre à M. Thiers sur le 4e livre de : LA PROPRIÉTÉ; 2e édition, revue et augmentée.

1 vol. grand in-18. Prix : 1 fr.

GRANDE RÉDUCTION DE PRIX

SUR LES OUVRAGES SUIVANTS...

Assemblée Nationale législative.

LES TRIBUNS

Etudes parlementaires, morales et pittoresques, par TRIMALCION.
De Falloux, Ledru-Rollin, de Larochejaquelein, Ch. Lagrange, Victor Hugo, Félix Pyat, Pierre Leroux, de Montalembert, général Cavaignac.

1 beau volume grand in-8 jésus, orné de magnifiques portraits en pied, dessinés d'après nature, et gravés par MM. Pauquet, Devrits et Goujon, Prix : au lieu de 5 fr. . . . . 3 fr.

LES MONTAGNARDS DE 1848

Par A. CHENU (auteur des *Conspirateurs*), 7e édition ; 1 beau volume in-18, format anglais, orné de scènes et portraits dessinés d'après les croquis de L'auteur. Prix : au lieu de 1 fr. . . . . , ... 75 c.

LES CONSPIRATEURS

Extraits des *Mémoires d'un Montagnard*, par A. CHENU. 2e partie, 8e édition. 1 vol. in-18, format anglais. Prix : au lieu de 1 fr. . . . 75 c.

DES MOYENS D'ÉTABLIR L'UNION

Lettres politiques à M. le comte Molé, par M. A. NETTEMENT, membre de l'Assemblée nationale. 1 vol. gr. in-18. Prix : au lieu de 1 fr. . . 75 c.

LA FUSION ET LES PARTIS

Par C. de VALORI. 1 vol. grand in-18. Prix : au lieu de 50 c. . . 30 c.

PROUDHON AU TRIBUNAL DE LA PÉNITENCE

Par Ern. GRÉGOIRE fils. 1 vol. gr. in-18. Prix : au lieu de 50 c. . . 30 c.

ESSAI SUR LES USURPATIONS

Par M. le baron de S... de B... 1 vol. in-18 format anglais. Prix : au lieu de 1 fr. . . . . 50 c.

CONSEILS AU PEUPLE

Par un *inconnu*. Brochure in-18, avec cette épigraphe :
« Si la France demeure dans les voies révolutionnaires.... elle périra! »
Prix : 10 cent. — Prix. par cent. . . . . 6 fr

PUBLICATIONS DIVERSES

EN VENTE A LA MÊME LIBRAIRIE.

ROMANS, NOUVELLES, CHRONIQUES ET LEGENDES

Par M. Hippolyte de Moynier. 1 volume grand in-8, broch. Prix : 5 fr.

LE SIÉGE DE PARIS EN 885

Par M. Hippolyte de Moynier. 1 vol. in-18 anglais. Prix : 2 fr.

NUITS D'ÉTÉ

Poésies, par Armand de Flaux. 1 volume in-8. Prix : 5 fr.

LA CITÉ HUMAINE

Principes métaphysiques de philosophie sociale, par Boyer, 1 beau volume grand in-8. Prix : 5 fr.

HISTOIRE DE LA SOUVERAINETÉ DU PEUPLE

ET DES CRIMES COMMIS EN SON NOM

Par André Vigroux (de l'Aveyron), précédée d'une lettre de M. Alfred Nettement. 2e édition, 1 volume in-8 broché. Prix : 2 fr.

NOTICE SUR BRIDAINE

Couronnée par l'Académie du Gard. Par l'abbé Lagrange.
Prix : 75 cent.

LA RÉPUBLIQUE, LE COMTE DE CHAMBORD

LOUIS NAPOLÉON ET UN PRINCE D'ORLÉANS

Par Fadeville, officier aux Invalides. 1 vol. in-12. Prix : 1 fr.

Considérations sur le Crédit public.

EXAMEN DU PROJET DE LOI QUI SOUMET A L'IMPOT DU TIMBRE

LES TRANSFERTS DE RENTES SUR L'ÉTAT ET DES ACTIONS INDUSTRIELLES

Par Godin, avocat à la Cour d'appel. Grand in 8 broché. Prix : 75 c.

SEMAINE THÉATRALE

REVUE ARTISTIQUE, LITTÉRAIRE ET MUSICALE

Paraissant tous les Jeudis.

Prix de l'abonnement, France : Un an, 18 fr. Six mois, 10 fr. Trois mois, 6 fr.
Étranger : — 20 fr. — 11 fr.

On s'abonne : **A Paris**, au Bureau du Journal, **7, rue Vivienne**; — dans les **Départements**, chez tous les Libraires et les Directeurs de poste et de messageries ; — **à Londres**, chez DELIZY, libraire, Regent's-street ; — **à Bruxelles**, chez TARIDE ; — **à Berlin**, chez BEHR ; — **à Madrid**, chez MONIER ; — **à Genève**, chez LEROYER.

Imprimerie de GUSTAVE GRATIOT, 11, rue de la Monnaie.